Jésus seul

Stéphen Faure

JÉSUS SEUL

Revenir à l'essentiel

ARTÈGE

Éditions Artège
10, rue Mercœur - 75011 Paris
9, espace Méditerranée - 66000 Perpignan
www.editionsartege.fr

ISBN : 979-10-336-1076-2
EAN Epub : 9791033611332

À Papa

Tu t'es endormi tandis que je terminais ce livre.
« On reconnaît un arbre à ses fruits »,
je suis ton enfant ad vitam æternam.

À Claire Faure

Tu ressembles au Saint-Sacrement comme personne.
Le Ciel est Amour, et tu n'es que cela ;
sur ta tête qui ne connaît rien au mal : la couronne.

« La gloire de l'amour n'est pas inférieure
au triomphe de la bravoure. »
Saint Ambroise de Milan

« La foi est amour et c'est pourquoi elle crée
de la poésie et elle crée de la musique.
La foi est joie, c'est pourquoi elle crée de la beauté. »
Benoît XVI

« L'homme, mes enfants, aime comme il voit. »
Sainte Angèle de Foligno

Prologue

Partout l'Amour

Une pandémie mondiale a provoqué un confinement inattendu. Celui-ci a donné au grand Carême et au Temps pascal de l'inoubliable année 2020 un tranchant inconnu. Le culte public suspendu, prêtres et fidèles ne se virent plus avant longtemps, ou seulement très peu et comme par hasard. C'est alors que, agenouillé devant l'Hostie continuellement empreinte de douceur, l'idée m'est venue de tenir un journal d'abord destiné à mes paroissiens. Chaque jour ou presque, il y aurait quelques mots pour eux : pensées, émotions, étincelles jaillies du contact avec Dieu qui jamais ni nulle part ne nous lâche. En ces temps hors du commun, c'était une manière de leur donner encore ma vie. Ma vie d'où ruisselle pour les autres – ô Mystère qui me dépasse et dont je ne suis qu'indigne, sacerdoce qui fait ma joie et toujours me confond – une autre Vie. Le bon Pasteur ne donne-t-il pas sa vie pour ses brebis ? Si, bien sûr, et donner sa vie, ça n'est pas seulement donner sa mort, c'est aussi partager l'esprit qui nous anime, propager le souffle qui nous fait vivre.

Je me suis approché par l'écriture, parfois très près. Tant que durait cette épreuve, à laquelle d'autres se sont ajoutées depuis, je voulais que tous les miens voient le cœur d'un prêtre battre pour eux, même si ce cœur n'était pas celui d'un saint. Les semaines passant, l'idée a germé de partager plus largement ces réflexions éparses nées à la faveur d'un retrait forcé, et d'y ajouter quelques textes. En effet, les coups durs n'épargnent personne, la croix pèse sur nous tous. Or, les pages qui suivent exaltent à leur manière l'Amour divin qui, fidèlement, me frappe au fil des jours et qui, en définitive, constitue l'unique motif de l'espérance théologale.

L'Amour du Seigneur est tout ce qu'il y a de plus réel. On connaît le trait enflammé de saint Paul annonçant que « l'espérance ne déçoit pas, puisque l'amour de Dieu a été répandu dans nos cœurs » (Rm 5,5). Si j'espère, c'est parce que je suis aimé infiniment et personnellement. Si j'espère, c'est parce que – si je puis dire – Dieu nous aime chacun par notre nom. Puisque nous savons qu'une charité infinie baigne l'Univers, traverse l'Histoire et nous inonde d'ores et déjà, nous espérons d'une espérance increvable. Dans l'encyclique *Lumen fidei*, le Saint-Père a bien rappelé que « la foi chrétienne est foi dans le plein Amour, dans son pouvoir efficace, dans sa capacité de transformer le monde et d'illuminer le temps[1]. »

Le monde dans lequel nous sommes nés est celui de la souffrance. C'est là qu'est venu à notre rencontre l'Amour en chair et en os, Dieu fait homme. Les épreuves sont inévitables, mais elles sont autant de chemins où sa Parole admirable nous guide. Quelle faveur, ma foi, que de servir ce Verbe plein de grâce par qui tout a commencé et par qui tout recommence ! Proclamé à temps et à contretemps, l'Évangile est notre point d'appui le plus sûr ici-bas : la vérité, c'est que la Vérité en personne nous aime toujours, et c'est dans le Visage du Crucifié que nous avons reconnu cet Amour que Dieu a pour nous. « Au centre de la Croix, le

1. FRANÇOIS, *Lumen fidei*, n. 15.

Cœur[2] », disait saint Jean Eudes, perspicace. C'est sur cette Croix et dans ce Cœur que les prêtres, ces frêles hommes de la Fournaise, puisent le Feu qu'ils sont appelés à jeter comme des fous sur la terre. Visités par la Lumière qui divinise, les écailles nous tombent des yeux et nous voyons à nouveau l'exquise attention du Seigneur qui miroite partout dans la Création. Ce fut un aspect de l'expérience des Apôtres au Thabor. En effet, « regardant autour d'eux, ils ne virent plus personne que lui, Jésus, seul » (Mc 9,8).

Lui, JÉSUS, seul.

2. Cité dans la brochure : Robert DE PAS, *Ma Vie, c'est le Christ – Saint Jean Eudes et son message*, p. 116.

Mille et une nuits

Rainer Maria Rilke restait coi face au spectacle scintillant de sa vie, ce qui nous vaut ces très beaux vers :

> « Devant le ciel de ma vie je me tiens
> ignorant, m'étonnant. La grandeur des étoiles. »

À mon tour, je m'étonne quand je songe aux incompréhensibles largesses répandues sur ma famille. La Miséricorde a laissé ses empreintes partout. Je suis enveloppé de toutes parts par *Quelqu'un* qui est Amour, et cela fait longtemps que je pense faire partie des gens les plus heureux de toute la galaxie.

Dans ma famille, tout le monde a la foi. Nous nous réjouissons dans le Seigneur, les enfants ont JÉSUS pour ami, etc. Alors on s'interroge toujours : pourquoi ? comment ? Il n'y a pas de réponse à ce genre de questions. Toujours est-il qu'en scrutant ma frêle existence, je découvre que Dieu se fait des amis de n'importe quoi. Surtout, une fois son Cœur donné, c'est pour l'éternité. Je ne connais pas plus fidèle.

Sans que cela n'ajoute ou n'enlève rien à la gratuité absolue de l'amour, je dirais aussi : nous avons porté notre croix. Et l'on sait bien qu'il y a une grande différence entre porter sa croix et la traîner. Une chose est sûre : les fleurs et les fruits sont dans l'Arbre de Vie. Ô Croix mystérieuse qui porte et transforme celui ou celle qui te porte! La participation aux souffrances du Christ est source d'amour, de paix, de joie et de bien d'autres célestes présents : « Dans la mesure où vous communiez aux souffrances du Christ [...] l'Esprit de gloire, l'Esprit de Dieu, repose sur vous » (1P 4,13-14).

« Esprit de gloire » : magnifique appellation du Paraclet, ma foi, trop rarement utilisée...

Il faut distinguer nettement le malheur de la souffrance. « La souffrance est présente dans le monde pour libérer l'amour[1]. » C'est Jean-Paul II, sachant bien ce que c'est que d'avoir mal, qui a eu l'audace de cette parole de feu. Pour qui veut

1. Jean-Paul II, *Salvifici doloris*, n. 30.

aimer, la souffrance réclame bel et bien un surcroît de générosité, un oubli de soi parfois héroïque, un je-ne-sais-quoi d'excessif. C'est le chemin étroit des Béatitudes qui se dessine ainsi devant nous, puisqu'en effet, les profils de saints esquissés par JÉSUS dans le Sermon sur la montagne se dégagent d'un arrière-fond de peines et de combats. On les devine qui aiment encore quand tout va à vau-l'eau. Dans la vie des saints, la souffrance est un ostensoir. Ostensoir de l'amour, comme sur les crucifix où le Cœur de JÉSUS rougeoie au centre de la Croix. Dardant entre deux côtes, les rayons qui exorcisent les ténèbres et repoussent le malheur viennent de là.

Ma vie, sur laquelle pleut cette lumière, est belle, mais elle n'est pas un conte de fées. Sauf à parler de ces contes où il y a dragons, sorcières, empoisonnements, coups bas, la mort encore et de longs hivers qui n'en finissent pas. Qui n'en finissent pas d'espérer. Puis un jour, c'est le printemps. Toujours la sainte alchimie biblique suivant laquelle « il nous faut passer par bien des tribulations pour entrer dans le Royaume de Dieu » (Ac 14,22).

C'est ainsi que le pire est souvent le terreau du meilleur. La pourriture du compost n'est-elle pas pleine de promesses ? L'humus noir est une espèce de mort qui contient de la vie. Pour moi, à jamais j'appartiens aux grands labours. Je suis d'une terre marquée des longs sillons de la souffrance et je rends grâce pour tout.

> « Ainsi, tu prépares la terre, tu arroses les sillons ;
> tu aplanis le sol, tu le détrempes sous les pluies,
> tu bénis les semailles.
> Sur ton passage ruisselle l'abondance.
> Les herbages se parent de troupeaux et les plaines se couvrent de blé.
> Tout exulte et chante ! » (Ps 64,10-12.14)

†

L'humanité pèse lourd dans un cœur, parce que les souffrances qu'elle endure font le poids des montagnes. Le brave Moïse, s'épanchant devant l'Éternel, se lamenta de ce fardeau de chair et d'esprit qui reposait sur lui :

> « Est-ce moi qui ai conçu tout ce peuple, est-ce moi qui l'ai enfanté, que tu me dises : "Porte-le sur ton sein, comme on porte un nourrisson, porte ce peuple dans tes bras" ? » (Nb 11,12)

L'Écriture Sainte regorge d'épreuves, de plaies, de larmes, de cris. Elle est la résonance de l'histoire humaine au Cœur de Dieu. On y voit Christ-Endolori de notre misère sans nom. Pas une vie qui n'ait son mal, pas un disciple qui n'ait sa croix. De tout temps, les malheurs sont grands et le nôtre n'y échappe pas. Effondrement moral, explosion des familles, famines et guerres sans fin, déclin de la pensée, des arts, culture en haillons, extinction des espèces, appauvrissement des sols, etc. À quoi ressemblera bientôt le monde? Allons-nous donc finir par vivre dans un monde réduit à son squelette ?

L'immense majorité des Occidentaux sont désormais des hommes ou des femmes hors-sol, c'est-à-dire des terriens qui n'ont plus aucun contact avec la terre, ou si peu. Nous vivons comme si nous n'avions plus besoin de l'aimer pour bénéficier de ses dons, car nous n'avons qu'à payer pour que tout nous soit dû. On ne la connaît plus, on ne sait plus son nom, on ne lui parle plus et cela fait bien longtemps qu'on a arrêté de l'écouter. Le dialogue est coupé, un amour est perdu. Même dans le cœur de nombreux prêtres, cette tendresse semble avoir disparu.

Les produits les plus sophistiqués s'accumulent tandis que la vie décline à tous les coins de notre chère planète, la Terre bleue. Pourtant, vivre vaudra toujours mieux que la technique. Les machines ne sont rien comparées aux êtres vivants. Je préfère mille fois un châtaignier à un *smartphone*, si utile soit-il. Un arbre je pourrais l'aimer, mon portable jamais. Et quel est donc l'objet qui me mettra en émoi autant qu'un chevreuil rencontré dans un bois ?

Dans son adresse à l'an 2000, Jean Cocteau disait que ce qu'on appelle progrès peut très bien n'être que le développement d'une erreur. On peut toujours discuter, mais notre pape François le Simple fustige l'injustice obscène, prône une contre-culture d'inspiration franciscaine et la résistance obstinée de ce qui est authentiquement humain. Par endroits, son encyclique *Laudato si'*, hyper-prophétique, me fait penser à de la science-fiction. *Hélas !* me dis-je chaque fois que je reprends ce texte, *c'est bien réel.* Les prêtres aussi doivent changer, ramper sous les barbelés pour sortir du camp de cette vie insensée et redevenir libres.

Parfois, d'aucuns pensent s'être trompés d'époque : ils auraient voulu naître, soit plus tôt, soit plus tard. Le fait est qu'en la matière aucune erreur n'est possible, et nous naissons tous au bon moment. Par contre, une époque peut se tromper sur l'Homme. N'est-ce pas le cas de la nôtre ?

Toute la Création nous parle de la puissance des fécondations silencieuses, des germinations invisibles et des maturations lentes, mais nous avons préféré opter pour la frénésie et le productivisme en tout. Nous ferions bien, tous, de redevenir humbles devant les grandes lois de l'engendrement et de la croissance. Tous, surtout ceux qui se disent spirituels et souhaitent guider les âmes. Oh! mes frères prêtres, à quand remonte la dernière fois que vous avez eu de l'humus sous les ongles? Depuis quand n'avez-vous pas levé les yeux au firmament, assez pour vous sentir, par votre corps, fils du cosmos? M'est avis que pour avoir les pieds sur terre, il faut mettre un peu les mains dedans. Et en prendre soin.

De toute manière, notre mode de vie harassant et injuste va prendre fin. De fait, que l'Occident le veuille ou non, un géant se dresse devant nous, cauchemardesque : le changement climatique. S'il se met à cracher sur nous tout le feu qu'il a dans le gosier, on est mal. Très mal. Vraiment très mal. Et Dieu ne suspendra pas toutes les lois de la nature pour pallier la folie des peuples ; il n'y a qu'à se retourner pour voir comment l'Histoire s'est passée.

†

> « Ce monde dans lequel nous vivons a besoin de beauté pour ne pas sombrer dans le désespoir. La beauté, comme la vérité, est ce qui apporte la joie au cœur des hommes, elle est ce fruit précieux qui résiste à l'usure du temps[2]. »

Paul VI qui a prononcé ces mots, a raison, évidemment. La beauté console vraiment.

Un jour, j'ai croisé un coquelicot écrasé sur la route. Comme à cette période de l'année le bitume n'avait pas pu fondre sous la chaleur, c'est donc que le cœur de la fleur avait saigné. Battant des ailes dans les derniers rayons de soleil de sa vie, le malheureux n'en avait plus pour longtemps... À force de ne plus s'arrêter à ces choses bénignes, on n'a plus qu'une vie sans saveur ni joie, sans couleur ni musique. L'hallucinante féerie des créatures nous est en grande partie voilée, et l'on se rue alors à toute sorte d'orgies.

Je suis effectivement consterné par le torrent immonde qu'une multitude ingurgite désormais par les yeux. Bouillie de chair et de cervelle, coït sans âme dans la posture des bêtes. Violence ou crétinerie, ordurerie et pornographie banalisée comme dans

---

2. Cité par Benoît XVI, Discours aux artistes, 21 novembre 2009.

Game of Throne, *Sex Education*, etc. Ces vagues dégoûtantes qui déferlent en séries sont bues et applaudies même par des chrétiens qui ne savent manifestement plus qui ils sont : les enfants de la Beauté, qui de leurs yeux, dans leur chair faite pour un mariage, verront Dieu. Et l'on s'étonne ensuite d'avoir du mal à prier, du mal à se maîtriser. Oh!!!

On raconte que saint Paul de la Croix se rendant à ses missions demandait aux fleurs du chemin de se taire. Cet ermite passionniste craignait qu'elles ne le mettent en retard. Au bout du chemin il y avait une affaire de la plus haute importance : une de ces harangues sur la Passion dont Paul avait le secret, et des vies, beaucoup de vies, sauvées. Je porte sa relique autour du cou tous les jours ; c'est peut-être pour ça que les fléchettes écarlates des coquelicots me crèvent les yeux. Ils crient partout : « Le Sang! Le Sang! Le Sang! »

À la saison pascale, la campagne varoise qui m'entoure est toujours en fête. On dirait un immense reposoir, ou une femme bien mise, en l'honneur de la fine Fleur de l'humanité, le Christ notre Dieu. Force est de constater que la nature qui s'étale sous nos yeux ne délivre les secrets de son amour que lorsqu'elle le veut, à qui et comme elle veut. C'est toujours soudain : un murmure vous parvient et vous voilà foudroyé.

Les spectacles de l'esprit ne sont pas moins merveilleux et consolants que ceux de la fresque vivante qui nous entoure. Seulement, il faut faire son séjour dans l'Évangile pour les voir. Un Vendredi saint, j'ai regardé le Christ-de-Feu s'éteindre. Jamais homme n'avait brûlé comme lui. Quel brasier que cette vie et que cette agonie ! J'ai vu le torse de braise refroidir, se couvrir lentement d'une noirceur de mort dans le silence recueilli de l'air, et les pépites ornant le front et les membres offrir au soir leurs dernières rougeurs. *Consummatum est* (Jn 19,30).

†

JÉSUS est vraiment très beau, et c'est un *warrior*. L'admirable Visage du Saint-Suaire exposé aux quatre coins du monde est éloquent dans son silence : « Le plus beau des enfants des hommes » est doux, sage et fort (Ps 45,3). J'aime le regarder. Simplement le regarder.

Ce front, ces paupières, ces cils qui ont fait chavirer tellement d'âmes, ces pommettes, cette barbe brunie par le chemin du Calvaire, cette bouche qui déposa sur le front des hommes les baisers de ses paroles vertigineuses, et ces dégoulinures qui font dans sa chevelure comme des rameaux de verdure rouge... Majesté endormie, gloire que rien ne flétrit, c'est lui « la splendeur d'Israël, blessé à mort sur les hauteurs » (2S 2,19). Je me demande ce que j'aurais fait, ce que je serais devenu, si au dernier Acte de la Passion, des bras maternels avaient déposé ce Chef adoré dans les miens. Pas vous ?

Le Cantique des cantiques, qui fait comme un cœur à la Bible, célèbre on ne peut mieux la beauté du Messie. De son côté, saint Jean parle de gloire, ce qui revient au même. En effet, la gloire de Jésus, c'est quand éclate enfin au grand jour la démesure de son Bel Amour. Il resplendit – ô Nuit plus radieuse qu'aucun jour – au zénith de son supplice. En son sublime sacrifice brille la splendeur de son Amour infini. C'est tellement beau, tellement grand, que le Seigneur et son quatrième évangéliste après lui appellent cela : « La gloire ».

Aux côtés du Cantique des cantiques et des discours d'adieux consignés par le disciple que Jésus aimait, un autre livre me fascine. C'est l'Apocalypse. J'ignore pourquoi des siècles d'art sacré ont ignoré à ce point une vision du Seigneur Jésus qu'on y trouve au chapitre XIX, versets 11 et suivants. Il s'agit pourtant d'un des plus beaux tableaux de la Bible :

> « Voici un cheval blanc ; celui qui le monte s'appelle "Fidèle" et "Vrai", il juge et fait la guerre avec justice. Ses yeux ? Une flamme ardente ; sur sa tête, plusieurs diadèmes ; le manteau qui l'enveloppe est trempé de sang ; et son nom ? Le Verbe de Dieu. Les armées du ciel le suivaient sur des chevaux blancs, vêtues de lin d'une blancheur parfaite. »

Il porte l'épée qui n'a pas sa pareille et le sceptre de l'humilité. Un nom est cousu sur ses vêtements :

> "Roi des rois et Seigneur des seigneurs." »

J'adore.

« Dieu est Lumière » (1Jn 1,5) ; il n'y a ni haine ni laideur en lui. Forcément, le combat contre le mal est et sera celui de la Beauté. Dans cette épopée, on ne suit pas sans risque le Cavalier blanc, juste et clément, mais le disciple sait qu'il fait de toute manière partie des grands vainqueurs.

À ce propos, je me revois enfant, feuilletant un livre sur les saints de l'histoire de France que l'on m'avait offert pour ma première communion. Ceux qui m'émerveillaient le plus : les ermites vivant à la paradisiaque, tendres avec les bêtes sauvages, celles du ciel et celles de la terre. Ceux qui m'impressionnaient le plus : les martyrs qu'on avait écartelés, fouettés, écorchés, brûlés vifs ou décapités. La réponse à la grande question que ces héros de la foi ont soulevée dans mon esprit est restée en suspens jusqu'à maintenant : « Et moi? Serais-je fidèle à JÉSUS si je devais endurer pareils tourments? » En tout cas, je ne serais pas étonné si, parmi les chrétiens que nous côtoyons en ce moment, certains achevaient leur pèlerinage sur terre baptisés dans leur propre sang. Dès l'aube du nouveau monde, l'Église a su que c'était la grâce des grâces, puisque le martyre est sang pour Sang, amour pour Amour, beauté pour Beauté.

†

Depuis l'avènement du Fils et l'irruption de l'Esprit, le monde où nous vivons fait partie de l'ordre ancien. C'était leurs missions salutaires que de tout révolutionner. Dans ce vieux monde profané, les baptisés sont à jamais l'unique nouveauté. En effet, « si quelqu'un est dans le Christ, c'est une création nouvelle. Le monde ancien s'en est allé, un monde nouveau est là » (2Co 5,17).

Saint Pierre, chauffé à blanc par l'espérance, proclame que « ce sont de nouveaux cieux et une terre nouvelle que nous attendons selon sa promesse, où la justice habitera » (2P 3,13). En fait, cette terre céleste est celle d'où nous venons. Les baptisés viennent de l'Horizon, nous sommes de l'Après-histoire. Il est tragique que l'immense majorité des catholiques ne soient plus éveillés aux visions grandioses de la Bible. Souvent ils ne savent pas que la grâce ici-bas est le commencement de la gloire là-haut, et qu'étant fils et filles de Dieu, la mort ne veut plus rien dire pour nous.

Notre point d'appui est au Ciel, l'univers tient par la Fin. Hélas ! la Fin n'illumine pas assez notre quotidien. Pourtant, l'Histoire est un couloir décidément sombre s'ouvrant sur une Lumière qui court vers nous. L'explosion lumineuse vient du fond du tunnel et nous rattrape à toutes les époques. Déjà elle nous pénètre et colorise tout (coloriser, c'est mettre en couleurs les images d'un film en noir et blanc). Cette Lumière qui fascine et console les croyants des siècles est ensanglantée. Ensanglantée, puisque les plaies radieuses de l'Amour démentiel sont à jamais sur le Corps du Christ aux Cieux. Tant mieux, car rien n'est beau comme le soleil à son couchant ; l'Astre était rouge lorsqu'il mourait sur la colline…

L'Apocalypse est un livre taillé dans un diamant tombé du Ciel. Si je lorgne trop dessus, l'ouvrage me fait tourner la tête et me met en armes. À ce propos, Karl Marx s'est trompé sur à peu près tout. Non, le christianisme n'est pas l'antique opium du peuple, mais il est à la fois sa force et sa joie. C'est bien dommage de s'être planté à ce point. Quel dommage et quels carnages ! On a marché sur la grandeur des hommes et aujourd'hui encore, le marxisme culturel à l'occidentale prône un ordre nouveau qui ne sera jamais qu'une exaltation du vieil homme – et de la vieille femme – mort et enterré dans les eaux du baptême. De fait, le vieil homme, c'est l'homme sans Dieu et contre lui, l'homme présomptueux mais déchu, persévérant dans sa faute. Apporter aux hommes « un salut apparent à leurs problèmes au prix de l'apostasie de la vérité[3] », pour reprendre les mots graves du *Catéchisme,* c'est en rester au stade de l'homme ancien. Homme ou femme, l'âme raclée, vidée de la Trinité. Voyez ces peaux étirées sur les chevalets

3. *Catéchisme de l'Église Catholique,* n. 675.

du tanneur : c'est leur vision de l'Homme. Dieu merci, tout pseudo-messianisme politique et sécularisé est voué à disparaître.

Pour bien lire le livre-diamant de Jean l'exilé, il faut le brandir dans la lumière de l'Amour pascal. Tout à coup, tel passage se met à briller et JÉSUS parle. C'est le seul livre d'Histoire parfaitement fiable. Il raconte « le présent et ce qui doit arriver plus tard » (Ap 1,19). Il dévoile quelles sont les grandes forces qui s'affrontent au cours de l'Histoire, et ça barde pas mal. Normal : quand vous avez d'un côté le Christ et les siens, de l'autre Satan et l'enfer, qui s'affrontent et se disputent l'humanité entière les siècles durant, c'est forcément dantesque et quantité de choses s'effondrent. Mais tout cela finit bien.

L'immense Jean de Patmos n'aurait rien compris à un film sur la Seconde Guerre mondiale, il n'avait jamais vu ni fusil, ni avion, ni tank. Alors Dieu lui fit voir des hordes de chevaux à gueules de lions cracheurs de feu, de fumée, de soufre. Voilà qui était parlant pour ce frère de l'Antiquité. Il vit ainsi les guerres de tous les temps se ruant sur le vieux monde. De même, en un clin d'œil il vit toutes les famines et les pandémies des siècles, « un cheval verdâtre ; celui qui le montait, on le nomme : la Mort » (Ap 6,8). Le cœur de Jean trembla à la vue de bien d'autres choses encore, mais il vit aussi l'Agneau en vainqueur absolu, avec les siens, ses disciples, ses amis, et il entendit les chants de louange éclater dans la Cité d'or cristalline. À vrai dire, les visions furieuses de l'Apocalypse sont bien moins terribles que tout ce qu'on sait de Stalingrad, Hiroshima ou Treblinka, moins effarantes que ces petits cadavres d'enfants faméliques tombés sur le sable brûlant du Sahel. En fin de compte, le livre est très *soft*. De toute manière, il embouche la trompette évangélique : justice sera faite, justice sera fête!

Au chapitre XVIII, nous lisons paisiblement le récit de l'effondrement de notre vieux monde figuré par Babylone, impie autant que prestigieuse. Ce texte inspiré, qui chante les ruines fumantes de Babylone effondrée, est magnifique. « Elle est tombée, elle est tombée, Babylone la Grande! Ô ciel, sois dans l'allégresse », dit le texte. Finis les grands n'importe quoi. Fini tout ce qui dans le monde s'oppose à Dieu et à son Christ. Finis les outrages à la splendeur princière de chaque personne humaine. Fini ce qui détruit la Création tout entière, notre éléphantesque et somptueuse chambre d'enfants. Babel, Babylone : la boucle est bouclée. Effectivement, comment ne pas discerner dans la mondialisation désormais chancelante l'ultime version de la tour de Babel, la tentative forcenée de faire advenir le règne sans merci d'une élite sans Dieu ? JÉSUS mettra fin à la marchandisation du monde, il fera disparaître « l'économie qui tue », selon le mot du Saint-Père.

Ne nous cramponnons pas à la vétusté, car « elle passe la figure de ce monde » (1Co 7,31). Le futur de l'ancien monde est déjà vieux, il n'y a que la grâce qui soit jeune. Seule la charité ne passera pas, parce qu'elle est l'Au-delà bien présent. Par ailleurs, nous ne sommes pas dupes ; au chapitre XVII, le livre saint dont nous parlons ici, et qui est sans égal, nous montre Babylone en femme vautrée se léchant les babines rougies du sang de l'Église.

†

On ne l'écoute pas toujours – devrais-je dire pas souvent ? – mais l'on comprend pourquoi là où elle se montre et dit quelque chose, la Mère de Dieu demande la prière, la pénitence et l'amour. Quoi d'autre sinon pour chasser l'Adversaire ? Comment sinon ratatiner le Menteur « homicide dès le commencement » (Jn 8,44) ? Au Japon, Notre-Dame d'Akita a voulu alerter ses chers enfants, les prévenir de malheurs gravissimes qui planent sur le monde et qui sont, à n'en point douter, inhérents à l'ordre mondial dont l'Amour en personne a été banni. Le Saint-Père ne parle-t-il pas d'une « spirale d'autodestruction dans laquelle nous nous enfonçons[4] » ? Ces évènements survenus au pays du Soleil levant dans les années soixante-dix sont officiellement reconnus. Ces oracles de la Vierge en larmes sont pour nous, et c'est toujours la plus aimante des mères. La plus sûre aussi. Or, la voilà qui cherche des prières, et pour cause.

À certaines heures particulièrement sombres, le christianisme se montre mieux tel qu'il est en ses augustes profondeurs. Notre christianisme est d'abord prière. Tout le reste – jusqu'aux sacrifices les plus héroïques – en découle tout surnaturellement. Sur la sublime tapisserie de l'histoire chrétienne, le précieux fil cramoisi de la prière plonge, ressort et court partout. « Il faut un christianisme qui se distingue avant tout par l'art de la prière [...] jusqu'à une vraie folie du cœur[5]. » J'ai bien souvent enseigné aux séminaristes ces paroles de Jean-Paul II qui ne manqua pas d'aplomb pour les écrire. Prière et folie du cœur devenues synonymes...

4. FRANÇOIS, *Laudato si'*, n. 163.

5. JEAN-PAUL II, *Novo millennio ineunte*, n. 32-33.

Ah ! que c'est beau ! Saint Paul fut moqué pour son apparente folie. « Tu es fou, Paul » (Ac 26,24), lui lança le gouverneur Festus tandis que l'Apôtre captif lui racontait le beau drame de JÉSUS. Comme je l'envie ! « CI-GÎT UN FOU » : ces mots sur ma pierre tombale seraient des plus élogieux. Mais je n'en suis pas digne, pas encore.

Lorsque fut décrété le premier confinement, il ne resta plus que la prière ; le virus mettait un coup d'arrêt à presque toutes les œuvres d'Église. Il sembla que la pastorale s'était pris un salutaire coup sur la tête et elle se réorganisa entièrement autour de la prière. La prière : reine des œuvres, force que rien n'arrête, amour que rien ni personne ne peut tuer, cachet de feu apposé tendrement sur le cœur des disciples. Comme ça n'était pas arrivé depuis longtemps, on se rassembla en masse, via internet. Et l'on pria. Juste ça. L'Eucharistie trôna d'une manière inédite au cœur de chacune de nos journées. On était tous ensemble fixés sur JÉSUS. Eh bien ! l'Église n'est-elle pas d'abord cela ? N'est-elle pas Famille rivée au Saint-Sacrement ?

Oui, l'Eucharistie est le Pain radieux de chaque jour (en mon for intérieur, j'aime l'appeler le Pain rose de JÉSUS, parce que ce Pain-là, c'est sa Chair...) et la prière notre respiration. Ces retrouvailles avec notre être le plus profond n'ont-elles pas été quelque chose de grand ? Nous étions depuis longtemps habités par la prière, nous étions assoiffés d'adoration, mais nous ne mesurions pas tous à quel point, peut-être même que nous l'avions oublié. Nous étions un peuple en prière, une légion de priants pour le monde ; mais que faisions-nous ?

L'Immaculée ne réclame jamais de projets grandiloquents. Elle demande timidement une chapelle pour qu'on y prie avec elle d'un seul cœur, d'une seule âme. Confinés, un éveil a eu lieu qui nous a menés de plain-pied dans ce qu'elle aime. Nos familles chrétiennes et bénies se sont alors révélées être de vraies petites églises. Trop belles. L'Adversaire de l'Amour pouvait bien crier sa rage, il n'avait qu'à se retirer la queue entre les jambes. C'était bien.

Maintenant que, pour un temps au moins, l'effarement est derrière nous, la Messe est de nouveau célébrée en public et sans discontinuer, le Saint-Sacrement exposé de longues heures, le chapelet prié dans les églises. Les confessionnaux ont rouvert, et n'importe quel prêtre peut vous donner comme à la dérobée la bénédiction de notre Père céleste, pourvu que vous la lui demandiez. Mais qui est là ? Et la prière en famille est-elle encore cette reine dispensant paix et joie ?

Ô très doux Maître au fardeau léger, fais-nous entendre raison. Garde-nous fous contre ton Cœur.

Verbum Domini

La lumière des étoiles nous arrive de très loin ; la Parole que nous entendons, croyons et proclamons aussi. C'est celle du Verbe qui était avant le commencement, et saint Paul écrit que nous brillons « comme des astres dans l'univers, en tenant ferme la Parole de Vie » (Ph 2,15). L'Évangile éclaire nos nuits, et il nous faut redécouvrir le divin qui le porte jusqu'à nous. La Bonne Parole n'est pas un bouquin tombé du ciel, qu'on ramasse et qu'on lit dans son coin ; c'est une Parole audible désormais sur les lèvres de l'Église, et dont le haut lieu est la liturgie. Le fait est que, le plus souvent, la Vérité et son Amour infini viennent à nous, drapés dans l'oralité et les silences des sacrements.

Serviteur de la Parole, je prêche et j'écris. La parole et l'écriture, c'est rouge. Écrire, c'est quand le cœur, au lieu de propulser le sang dans les artères, l'étale joliment sur une page de papier blanc. Parler, c'est quand il le pulvérise dans l'air que vous respirez. En disant cela, je n'invente pas, mais j'apprends du Maître qui a dit : « Ce que dit la bouche, c'est ce qui déborde du cœur » (Lc 6,45).

Dans *Evangelii gaudium*, le pape François a parlé de l'homélie comme du langage de « ceux qui s'aiment au moyen des paroles[1]. » On pourrait en dire autant de l'écrit. Le prêcheur a son cœur dans la bouche. En ce moment où j'écris, j'ai le cœur au bout des doigts. Cette déclaration pontificale a rappelé ce que peu de gens savent encore. En effet, on a tellement répété que les actions valaient mieux que les mots, que l'on a perdu de vue que la parole est un acte. Acte au service du vrai, du beau, du bien. Il suffit de regarder JÉSUS pour s'en convaincre à nouveau :

> « En débarquant, il vit une foule nombreuse et il fut saisi aux entrailles pour elle, et il se mit à les enseigner longuement. » (Mc 6,34)

Pasteur par excellence, le Christ éleva cette voix que l'on s'est pris à chérir. Cette voix, c'était de l'Amour sonore et de la Lumière qui s'entend.

---

1. FRANÇOIS, *Evangelii gaudium*, n. 142.

Désormais, les brebis connaissent bien cette voix qui les guide vers les alpages bleutés de l'immortalité.

Nous ne devrions nous adresser les uns aux autres que parce que nous nous donnons les uns aux autres. Je reconnais volontiers l'idéalisme qui affleure ici, mais tout de même, il existe une perversion de la parole, écrite ou orale, comme il existe une perversion de la sexualité. Les deux sont très fréquentes car le terrain glisse beaucoup. Force est de constater que nous n'en finissons pas d'assister à une affreuse dévaluation de la parole. Au théâtre des divertissements stupides, au bal masqué des politiciens sans scrupule et dans la troupe des médias partisans, on la prostitue d'une manière effrontée. Qui n'en a jamais été outré ?

Dans l'une de ses lettres, l'Apôtre Paul déclare que les prêtres qui peinent au service de la Parole et à l'enseignement méritent une double rémunération (cf. 1Tm 5,17). C'est toujours avec un petit air amusé que je relis ce verset. Pourtant, c'est très sérieux : il nous parle du trésor vermeil des mots et du prix de la peine à laquelle il nous faut consentir… En jetant un coup d'œil au crucifix attaché au mur, la mère de saint Jean Bosco lui rappela un jour de découragement que commencer à dire la Messe, c'était commencer à souffrir. Et commencer à prêcher ? Souvent, les ambons sont en bois. Sur ce bois aussi, un homme est là qui se donne. Je ne sais pas si les gens savent que dans cette posture chaque mot demande du sang. Il faut du souffle et les battements du cœur pour que la voix s'élève et que les mots fusent. Ils partent du prédicateur comme les pétales d'une fleur nue se détachent et volent au vent, ne laissant plus sur la tige qu'un grand cœur ouvert. Ouvert, ayant mis toute sa pourpre dans ses pétales offerts.

La *Somme théologique* de saint Thomas Dans un excellent commentaire qui m'a permis de regarder, avec les yeux du Docteur angélique, sa vie commune, pauvre et mortifiée de prédicateur itinérant, j'ai trouvé ces quelques lignes que je partage :

> « Le prédicateur doit être tout ensemble assez humble et assez magnanime pour livrer sans compter, sans aucune hésitation ni arrière-pensée le fruit de sa contemplation, c'est-à-dire ce qu'il y a de plus intime et de plus secret dans sa vie, et, ce faisant, il ne doit craindre ni les critiques ni les sourires […] Le cœur de l'apôtre, comme celui de son divin Maître, appartient à tous : tous ont le droit d'y entrer. Il a

> donc le droit de l'ouvrir à tous. S'il faut pour cela le coup de lance ou le passage du glaive, qu'il l'accepte ou même l'appelle vaillamment[2]. »

Encore faut-il que la moelle de la vie de cet homme soit bel et bien JÉSUS.

†

Comme aux jours du petit Samuel, il n'arrive pas souvent que l'on entende un homme et que l'on se dise *Dieu a parlé*. « En ce temps-là, les visions n'étaient pas fréquentes, il était rare que Dieu parlât » (1S 3,1). L'esprit de prophétie a presque disparu. Être surpris par lui est chose exceptionnelle malgré tous nos discours, nos prêches, nos homélies. Pourtant, le prêtre catholique a vocation de prophète. C'est à ses lèvres et à son cœur que le peuple boit d'abord l'Évangile, comme des brebis à l'abreuvoir. Sa parole doit être pour tous comme la Parole de Dieu. Heureux est-il celui-là, car « qui abreuve sera abreuvé » (Pr 11,25). Nous lisons dans l'Écriture que « le témoignage de Jésus, c'est l'esprit de prophétie » (Ap 19,10). Pour nous aussi, l'esprit

2. Thomas DEHAU, *L'Apostolat de Jésus*, Saint-Paul, Versailles, 1995, p. 240-241.

de la prédication doit être l'esprit de prophétie. Prêcher, c'est être prophète. Croire cela n'est pas de la présomption, mais de la clairvoyance, celle qu'il faut lorsqu'on envisage de devenir prêtre du Très-Haut. L'homélie du prêtre n'est pas un petit commentaire, c'est un office prophétique au sens fort des mots.

Avec sa hardiesse habituelle, le Saint-Père a rappelé que « la prophétie naît quand on se laisse provoquer par Dieu [...] Seul celui qui s'ouvre aux surprises de Dieu devient prophète[3]. » Or, rien n'est plus surprenant que notre mystérieux dialogue avec le Seigneur, et le prophète Samuel est né de cet échange sacré :

> « Samuel, Samuel.
> – Parle Seigneur, ton serviteur écoute. » (1S 3,9)

Écouter Dieu s'apprend et c'est un prérequis pour la prédication. En effet, tout prophète est fils du dialogue avec l'Invisible. Tout prédicateur est fils de la Parole à laquelle il se consacre et qui plus est le consacre. Le messager devient homme à part.

---

3. François, Homélie en la solennité des saints Apôtres Pierre et Paul, 29 juin 2020.

À l'abri des regards, cultivant « une affection pour la Sainte Écriture, un amour suave et ardent pour la Parole de Dieu écrite[4] », il fait la part belle à la *lectio divina*. Cette lecture priante et amoureuse de l'Écriture est distincte de son étude purement intellectuelle. L'étude dissèque ; la *lectio* adore. L'étude approche le Livre avec un scalpel, la *lectio* touche le Verbe d'un baiser et c'est un murmure qu'on entend, le « souffle parfumé » que respire et échange le couple du Cantique des cantiques (cf. Ct 7,9). Ô vous ministres ordonnés qui n'embrasserez personne d'autre que lui – mais qui certes n'avez pas le monopole de ses étreintes – éprenez-vous du Verbe de Dieu ! Dans son exhortation *Verbum Domini*, Benoît XVI évoquait la figure d'Origène et rappelait le primat de cette lecture de feu :

> « Origène, l'un des maîtres de cette lecture de la Bible, soutient que l'intelligence des Écritures demande, plus encore que l'étude, l'intimité avec le Christ et la prière. Il est convaincu, en effet, que la voie privilégiée pour connaître Dieu est l'amour,

4. FRANÇOIS, *Scripturae sacrae affectus*.

> et que l'on n'acquiert pas une authentique *scientia Christi* sans s'éprendre de lui[5]. »

« Qu'il me baise des baisers de sa bouche » (Ct 1,2), dit la Bien-Aimée du Cantique. La lecture savoureuse de l'Écriture c'est cela : l'empreinte sur nous de ses lèvres. La poigne prophétique des homélies est là, dans les baisers de sa bouche, dans cet échange merveilleux des mots et des souffles qui se mêlent. Pour recevoir l'esprit de prophétie, nous devons approcher comme cela, tout près, du Visage du Christ. Même rempli d'un « feu qui devient verbe impétueux et explosif[6] », le prophète n'a donc rien d'un excité agité par le vent ; c'est un homme qui parle dans le souffle d'un baiser qui réveille les morts : l'Esprit Saint. Puissé-je en être, miséricordieusement porté par les bras de la Vierge et les prières de celles et ceux qui ne m'oublient pas.

†

Des mots éblouissants sortent des lèvres du célèbre Isaïe. Au chapitre LX, le langage devient flamboyant, plus que l'or dans les flammes. Quand

---

5. Benoît XVI, *Verbum Domini*, n. 86.
6. François, *Scripturae sacrae affectus*.

je le lis, mon âme a les yeux qui brûlent. Aussi dingue que cela puisse paraître, le noble service de la Parole nous inscrit dans la lignée de cette horde bénie des prophètes dont le Seigneur a dit qu'ils étaient nos « devanciers » (Mt 5,12). Attention, ces maîtres de prédication sont de vénérables agneaux. La Parole coûte chair (oui, chair) et saint Jacques nous demande de prendre pour « modèles de souffrances et de patience les prophètes qui ont parlé au nom du Seigneur » (Jc 5,10).

Les prophètes ont des fleurs dans la bouche. Ils ont les yeux pleins de paysages luxuriants et de célestes splendeurs, ils annoncent les divins attendrissements. Mais ces hommes sont traversés par des flèches. Leurs oracles sont aussi pleins de sang, de fer, de contrées fumantes et désolées. Des populations qui asphyxient ou qui meurent de folie, un Dieu qui n'en peut plus… Le chagrin des Livres saints est immense et c'est le salut qui seul essuiera les larmes. Salut dont le nom est JÉSUS.

La Bible est pleine de bons mots dont on peut tirer des devises. Découverts dans le livre de la Sagesse, ceux-ci me poursuivent depuis les premiers mois passés au séminaire :

> « Je me montrerai bon avec la multitude et vaillant à la guerre. » (Sg 8,15)

Autrement dit : « Bon envers tous, vaillant dans le combat. » Ces quatre mots se sont hissés au fond de moi comme une bannière. Certes, pour un prêtre, ils évoquent plutôt la vie en son extériorité. Ils ne pointent guère l'intériorité d'où toute fécondité procède pourtant. De fait, ce qui éclate au dehors jaillit du plus intime ; toute explosion vient du dedans. L'universelle bonté et l'ardeur au combat de l'apôtre présupposent cette intériorité qui, dans le silence et l'immobilité, rencontre et s'unit à celle du Christ en secret.

Sagement, cette expression m'accompagne, m'exhorte et m'encourage. Oui, c'est un étendard, dressé pour suivre l'Agneau partout où il va et s'aventurer avec lui dans la voie peu commune des Béatitudes. S'approprier ses pensées et ses mœurs venues d'un autre monde, c'est la sagesse de la Croix, sacré mélange d'amour et de combativité. Dieu sait s'il en faut pour le laisser anéantir la part d'ombre qui – hélas ! – demeure en nous. L'Agneau, c'est le triomphe absolu de l'Amour. Tel est le cœur du message et tel est le drame personnel du messager.

†

En vertu de l'Ordination, tout prêtre rejoindrait-il les rangs de ceux que l'Écriture nomme « les preux d'Israël, tous experts à manier l'épée » (Ct 3,8) ? Ils portent et brandissent « le glaive de l'Esprit, c'est-à-dire la Parole de Dieu » (Ép 6,17). Cette arme n'a pas sa pareille et protège le camp du Seigneur. Devenir expert en son maniement n'est pas une mince affaire, mais humblement, nous devons y tendre, de tout notre cœur, de toute notre intelligence et de toute notre force. Y tendre par obéissance, par le travail et par l'ouverture au Saint-Esprit. Car la prédication est un mandat, un art et une grâce. *Gratia non tollit naturam, sed perficit*[7]. Ce qu'Alfred de Musset a écrit du poète-pélican vaut aussi pour le prédicateur « partageant à ses fils ses entrailles de père » :

> « Leurs déclamations sont comme des épées :
> Elles tracent dans l'air un cercle éblouissant ;
> Mais il y pend toujours quelques gouttes de sang[8]. »

---

7. « La grâce ne supprime pas la nature, mais elle la perfectionne. » Thomas D'AQUIN, *Summa Theologiae*, I[a], I, 8 ad 2.
8. Alfred DE MUSSET, *La nuit de Mai*.

Certains jours, je me vois comme un hors-la-loi qui taille sa flèche dans une branche de choix en pensant à sa prochaine cible. Silencieux, concentré, je me tiens aux aguets. Berger, je suis l'archer de la paroisse. Je me lève, je décoche ma flèche, puis je me rassois. Je dois repousser l'Ennemi et maintenir béante la blessure au cœur de l'Épouse. Oh ! oui, qu'elle languisse après l'union et le face-à-Face ! Ici, une précision s'impose : blessure d'amour n'est pas chagrin d'amour. La blessure d'amour fait vivre, le chagrin vous tue. À bien des reprises, les textes sacrés parlent de ce tir à l'arc et de l'amour ingérable qu'il propage. « Tu mets à nu ton arc, de flèches tu rassasies sa corde, proclame par exemple Habaquq, tu t'es mis en campagne pour sauver ton peuple » (Ha 3,9.13). Touchée dans le mille, l'âme gémit : « Je suis malade d'amour » (Ct 5,8). Sagittaire et incendiaire, telle est la mission à l'ambon. Décocher une parole de feu, envoyer du lourd, c'est tout ce qu'il y a à faire – mieux vaut se taire sinon.

J'ai tellement besoin de solitude, de cet espace intérieur où, du dedans de moi-même comme du haut d'un promontoire, je considère le monde, les fils emmêlés de l'Histoire et les fibres de la condition humaine. C'est nécessaire, simplement pour avoir quelque chose à dire et parce que je suffoque sinon. Dans le calme et le recueillement, la parole de la prédication naît. Née dans le silence, cette parole est prophétique, catéchétique et poétique. Comme la prière, la prédication est philocalie, amour de la Beauté.

L'Évangile est la voix du Bien-Aimé. C'est le chant qu'il adresse à son Église. Dans les Divines Liturgies orientales, le texte n'est jamais lu mais toujours chanté. Il paraît même qu'on ne peut pas recevoir l'Ordre si l'on ne sait pas chanter. Je n'ai pas vérifié, mais j'aime bien cette idée du prêtre chanteur de Dieu. Quoi qu'il en soit, nous n'avons pas le choix : l'homélie qui répercute le chant du Verbe doit être précise, exacte, pertinente et belle. Christ est bon Pasteur, bon Prêcheur, bon Poète. Les Évangiles répercutent l'enseignement de ce cher Maître expert en paraboles et en phrases affûtées : la poésie affleure partout. Fille de l'Évangile qui la précède toujours, comment l'homélie pourrait-elle ne pas lui ressembler ? Or, les Évangiles donnent à voir autant qu'à entendre. Si je ne vois pas Jésus, j'ai bien peu de chance de progresser dans la vie évangélique.

Je m'explique. Jésus est Quelqu'un qui exerce une force d'attraction telle qu'il a le pouvoir de nous faire tomber en lui. Vivre « en Christ », être « dans le Christ », c'est bien ce que saint Paul proclame à tout bout de champ. Puisqu'on ne tombe pas en JÉSUS sans avoir été ravi par son Visage, puisqu'on ne le laisse pas devenir Maître de tout en nous sans avoir été fasciné par sa vie d'une beauté folle, c'est la tâche fabuleuse de l'évangéliste, du serviteur de l'Évangile, de montrer et de faire savoir.

L'homélie, comme la Bible, est un trésor de pensées bourrées d'images hautes en couleurs. Voie de la beauté, elle expose la bonté et la vérité, et c'est alors qu'un frémissement parcourt l'assemblée. M'est avis qu'au séminaire on devrait davantage étudier des Pères tels que saint Éphrem le Syrien ou Romanos le Mélode. Ces maîtres mélodieux feraient du bien à beaucoup de monde ; ils faisaient de la théologie comme on joue de la harpe ou comme on chante sa Passion. Les titres des hymnes du Mélode, rien que ça c'est fantastique. Tenez :

> « Aujourd'hui la Vierge met au monde l'Être suprasubstantiel, et la terre offre une grotte à l'Inaccessible. »
> « Le Rocher de la vie est aujourd'hui blessé par les clous. »

Certes, à chacun ses talents. Saint Pierre le dit : « Chacun selon la grâce reçue, mettez-vous au service les uns des autres [...] Si quelqu'un a le don de parler, que ce soit comme les paroles de Dieu » (1P 4,10). Mais comment Dieu parle-t-il ? Il n'y a qu'à ouvrir le Livre… Le *logos* ne suffit donc pas. Rien ne va plus à l'encontre de la musique des évangiles que la monotonie d'un discours monocorde. Le timbre et l'intonation peuvent également infléchir, excéder ou atténuer la teneur du message confié. Tout comme les grimaces, un air sévère ou une mine défaite. Jamais nos paroles n'effaceront le cri ou la plainte de nos faces qui plaident par-derrière contre le Christ. Du début à la fin de la Messe, du premier mot jusqu'au dernier, tout devrait s'accorder dans l'incomparable partition des rites. Bref, parler au nom du Roi et juste avant son sacrifice, ça doit avoir de la gueule.

†

Il est très difficile de parler du Bon Dieu comme il le faudrait. Il y a toujours dans nos manières quelque chose qui érafle celui dont on parle. Le défunt Patriarche Athénagoras disait que « Dieu est toujours au-delà des images, des concepts, du mot même de Dieu. Oui, Dieu est tellement au-delà de Dieu qu'il se donne à nous sur la Croix, qu'il descend pour nous aux enfers [...][9]. » Cela signifie que la Révélation divine fait voler en éclats toute idée trop humaine de Dieu qui est toujours infiniment au-delà. Ce qui l'en sépare ne l'éloigne pas de nous, au contraire, puisque sa transcendance est la démesure de son Amour : « Dieu est Amour » (1Jn 4,8).

Paradoxalement, la manifestation suprême de son immensité, c'est son abaissement. « Il s'est anéanti » (Ph 2,7), dit Paul aux Philippiens. Telle est l'inimaginable manifestation de sa grandeur qui est celle de son Amour. Le Seigneur se révèle dans ce qui nous semble lui être le moins approprié : Dieu dans un homme. Un bébé, un supplicié, une bouchée : il se dévoile dans ce qui devrait plutôt le cacher, mais il demeure insaisissable dans ce qui le dévoile.

« Dieu est le bienheureux et unique Souverain, proclame l'Apôtre, le Roi des rois et Seigneur des seigneurs, le seul qui possède l'immortalité, lui qui habite une lumière inaccessible, que nul d'entre les hommes n'a vu ni ne peut voir » (1Tm 6,15-16). Eh bien ! celui-là s'est montré, en se donnant l'air

9. Olivier Clément, *Dialogues avec le Patriarche Athénagoras*, Fayard, Paris, 1976, p. 203.

de rien. Oui, Dieu s'est donné l'air de rien : la Crèche, l'Hostie, la Croix. Ce sont là les principales théophanies, les plus improbables aussi, auxquelles il convient d'ajouter les « plus petits » (Mt 26,40). Dieu qui est infiniment au-delà de tout s'est donné l'air de rien. Car rien au monde ne peut manifester de manière adéquate son Être infiniment splendide. Rien de ce qui est grand dans le monde ne l'est suffisamment pour pouvoir lui servir à montrer son Amour plus grand et plus fort que tout. Alors, « ce qui est fou dans le monde [...] ce qui est faible [...] ce que l'on méprise, voilà ce que Dieu a choisi » pour se montrer, pour se dire, pour nous conduire à lui et à la vision de sa gloire (1Co 2,27-29). En vérité, les plus éclatantes manifestations de Dieu dans l'Histoire ont quelque chose de dérisoire et sont frappées du sceau du Serviteur dont parle Isaïe :

> « Objet de mépris, abandonné des hommes, homme de douleur, familier de la souffrance, comme quelqu'un que l'on ne veut pas voir, méprisé nous n'en faisions aucun cas. » (Is 53,3)

Si Dieu a parlé aux hommes, c'est pour nous faire entrer dans les profondeurs abyssales du Mystère d'Amour manifesté en JÉSUS qui est sans égal. Si nous lisons la Parole, et si nous la prêchons, c'est pour que cet Océan sans rivages nous inonde, pour que nous vivions la bienheureuse Vie d'Amour de Dieu lui-même.

J'ai toujours été d'accord avec le cardinal de Lubac qui tint à rappeler la noblesse de ce ministère :

> « Il nous faut retrouver la force et la dignité, en parties perdues, de ce mot de "prédication" dans le langage traditionnel. [...] Le "*ministerium praedicationis*", ou l'"*officium praedicationis*", pour parler comme Grégoire[10] encore, n'est pas la vulgarisation d'un enseignement doctrinal à forme plus abstraite, qui lui serait antérieur et supérieur : il est, sous sa forme la plus haute, l'enseignement doctrinal lui-même. Cela était vrai de la première prédication chrétienne, celle des Apôtres ; cela l'est également de la prédication de ceux qui leur succèdent dans l'Église : les Pères, les Docteurs, et nos Pasteurs à l'heure actuelle[11]. »

Il est peut-être rare qu'un prêtre s'ouvre à vous cordialement de l'homélie, ce moment si grand pour

10. Il s'agit de saint Grégoire le Grand, pape et Docteur de l'Église.
11. Henri de Lubac, *Exégèse médiévale, Les quatre sens de l'Écriture*, Première Partie, T. II, Aubier, Paris, p. 669-670.

lui et tellement important pour vous, vertigineux pour lui et vital pour vous. Alors j'ai pris mon temps. Aussi simplement qu'un enfant, je crois le saint Concile pour qui la prédication de l'Évangile à toute créature est « la plus sainte des causes[12] ».

« Écoutez et vous vivrez » (Is 55,3). La survie en ce monde dépend des mots tombés des lèvres des envoyés. Prions à genoux pour que la terre retentisse encore de paroles royales.

12. CONCILE VATICAN II, Décret sur l'œcuménisme *Unitatis redintegratio*, n. 1.

Ô Mystère pascal

Les plus belles paroles du Verbe sont criblées de plaies comme des étoiles. Ce sont les annonces et les récits de ses peines et de sa mort sublime. Elles dessinent en rouge la Passion de son Cœur éclatant de soleil. L'Amour dépiauté par les fouets, pendu au gibet, est en éruption. Avoir la foi, c'est s'être approprié cet Amour fou et se répandre dans le Christ en retour. Dans une section tout à fait merveilleuse de son encyclique sur la foi, le Saint-Père dit :

> « C'est justement dans la contemplation de la mort de Jésus que la foi se renforce et reçoit une lumière éclatante, quand elle se révèle comme foi dans son amour inébranlable pour nous, amour qui est capable d'entrer dans la mort pour nous sauver. Il est possible de croire dans cet amour qui ne s'est pas soustrait à la mort pour manifester combien il

> m'aime ; sa totalité l'emporte sur tout soupçon et nous permet de nous confier pleinement au Christ [...] Les chrétiens confessent l'amour concret et puissant de Dieu, qui agit vraiment dans l'histoire et en détermine le destin final, amour que l'on peut rencontrer, qui s'est pleinement montré dans la Passion, Mort et Résurrection du Christ[1]. »

Le Mystère de Dieu est pour ainsi dire enveloppé des blessures que les hommes lui ont faites. C'est par là qu'on entre. C'est dans ces chairs à vif, dans ces croûtes sombres de Sang qui sèche, c'est dans les râles et les cris de l'agonie qu'on trouve la Lumière et l'éclat. Si vous ne me croyez pas, lisez le *Livre des visions et des instructions* de sainte Angèle de Foligno. Au Calvaire, il est là bras ouverts, épinglé sur la Croix. L'Éternel s'est fait mortel, éphémère. C'est le Christ-Papillon qui montre enfin ses couleurs, son Amour inconnu, méconnu, insoupçonnable : toute la palette des roses ruisselant de lymphe dorée, la brillance rouge du Sang royal, saupoudrée de notre terre trop sèche. Sans oublier : ses larmes argentées et le firmament mordoré de ses yeux. L'Amour déployant ses ailes est là sur un ciel

1. François, *Lumen fidei*, n. 16-17.

violet d'orage. Entre ciel et terre, le Seigneur se met à nu et se donne : « Voici l'Époux! » (Mt 25,6).

†

La Semaine sainte nous ramène tous les ans à Jérusalem. Tandis que le bienheureux Triduum approche, il faut alors faire les préparatifs pour la Pâque du Maître et s'attendre à tomber encore une fois amoureux, à revenir à l'amour des premiers jours. Impossible de ne pas succomber face au cadeau qui nous est fait chaque année : notre beau Jésus se rend au Pressoir sous nos yeux. L'envoûtement commence au clair de lune.

La lune de Pâques est mystique. Elle proclame des Mystères et me transporte jusqu'aux dernières soirées du Christ mortel. Chromée, elle marque les jours de la grande et terrible Fête. Terrible pour l'Agneau que l'humanité-meute-de-loups va écharper; l'inhumanité le laissera bientôt sans vie sur le monticule à tête de Crâne. Au temps fixé, la lune sort, pomponnée comme jamais, brillante comme un signal. C'est l'Heure. Elle a crû jusqu'à cette nuit différente de toutes les autres nuits, et c'est surtout pour cette raison qu'elle est là depuis des siècles. En effet :

> « Dieu dit : "Qu'il y ait des luminaires au firmament du ciel pour séparer le jour et la nuit ; qu'ils servent de signes, tant pour les fêtes que pour les jours et les années ; qu'ils soient des luminaires au firmament du ciel pour éclairer la terre." Et il en fut ainsi. Dieu fit les deux luminaires majeurs : le grand luminaire comme puissance du jour et le petit luminaire comme puissance de la nuit, et les étoiles. » (Gn 1,14-16)

Comment la clarté livide, qui caresse la crinière argentée des oliviers de Gethsémani et baigne les dernières heures de mon Jésus, fait-elle naître en moi une paisible effervescence ? Je l'ignore, mais c'est un fait : triste et *andante*, elle instille en nous une prière grave-heureuse où s'aiguise la certitude d'être aimé. Il y a 2 000 ans, Jésus voyait comme nous cette face ébahie flotter dans le ciel de sa dernière nuit. C'était la même première lune de printemps annonçant la Pâque, et l'immolation des agneaux rôtis au feu, les chants, le Pain et le Vin… Bientôt, l'obscurité se fera sur la terre entière. Ce sera la miraculeuse éclipse du Soleil un lendemain de pleine lune (cf. Lc 23,44). Immobilisé par les clous, le Seigneur n'en a pas moins le pouvoir de jongler avec les astres. Et il le fait, pour montrer que s'il est dans cet état c'est qu'il le veut bien, et pour que lui seul brille. Dans tous les endroits sombres, quand toutes les autres lumières sont éteintes, il y a encore lui, le Crucifix.

En pensant à Jésus dont la prière nous portait au soir de sa vie, on devient plus enfant. Sous la lune, je songe à lui… On s'aime. On s'aimera plus encore devant le Ciboire argenté, au reposoir éclatant de fleurs. La communion viendra d'avoir lieu. Christ aura donné la becquée, comme une braise indolore la bouchée nous aura irradiés. Ivres du Sang, nous aurons bu le Maître plus qu'un nourrisson boit sa mère qui l'allaite. Alors, nous serons cois pour longtemps : ce sont les silencieux *Nocturnes du Jeudi saint.*

†

L'Évangile nous fait renaître, c'est une Parole qui nous fait n'être plus que regard. Regard qui goûte comme une langue et touche comme la peau. L'écoute du Verbe débouche sur la contemplation du Christ, et nous espérons *in fine* la vision béatifique. Il faut lire et relire les Évangiles de la Passion, fixer l'Homme-Dieu jeté, blessé, puis mort. Je me tiens chaque jour devant lui comme la bûche espérant la flamme ; qu'il me parle seulement un peu, mes yeux sont alors des colombes qui pénètrent derrière le voile. On écoute, on comprend, on voit : le Corps enflammé est dressé, juste là devant. Mille plaies déchirent l'Amour fait chair. Toutes ses blessures, c'est notre Histoire, ce sont nos peines et nos fautes écrites sur son Corps.

Les icônes byzantines ont une manière bien à elles de parler de ces choses. Elles sont écrites avec sagesse et étonnent par leur pudeur. Pour autant, elles poussent un cri de couleurs : le kérygme que je voudrais vous faire voir.

Sur l'icône de la *Crucifixion*, il y a très peu de Sang sur le Corps brun de Jésus. Pétri de terre comme nous, il saigne à l'endroit des clous. Il y a aussi du Sang qui semble doucement pulvérisé comme une neige à l'ouverture faite par la lance dans le Côté. Oh ! comme l'ange qui tient la coupe juste en dessous, pour n'en rien perdre, a l'air désolé ! On dirait un petit enfant avec un gros chagrin. L'abondante effusion de Sang de cet abattage est seulement suggérée par le linge noué autour des hanches et qu'on suppose avoir été blanc : il pend désormais, lourd et rose.

De la tête aux pieds, le Corps est anormalement courbe. Un peu comme un cep boursouflé de vigne ; juste assez pour que ça se voit et qu'on devine la torture. D'ailleurs, ce qui n'arrive que sur les icônes de la Passion : Jésus est décoiffé, il a les cheveux défaits, et l'on imagine bien les chutes et les gestes brusques, les mauvais traitements, la violence subie par cet Homme si bon. Cependant, les traits du Visage sont paisibles ; il n'en veut à personne. La douleur, comme un incendie, s'est éteinte. Il semble dormir plus que mourir. Quand donc et comment se réveillera-t-il !?

Les pieds reposent sur une sorte d'escabeau. Marchepied d'un Roi assis sur son trône, ce détail, qui se veut véridique, souligne que le Crucifié n'est pas n'importe qui ni sa Croix n'importe quoi.

Ses bras d'Amour, étirés à l'extrême quoiqu'ils soient un peu tordus, nous accueillent tous autant que nous sommes. Ils nous attendent, c'est sûr. Ses mains semblent démesurément grandes ; je vois bien, dans ses mains ouvertes percées d'un gros clou noir, qu'il a tout donné. Tout entier, Jésus n'est plus qu'une offrande et l'on dirait qu'il dit la Messe.

Le ciel est en arrière-fond. C'est un ciel d'or tirant sur le rouge, comme s'il était en train de s'embraser. La terre, quant à elle, semble se soulever comme une flamme. Voilà le Feu jeté sur terre qui commence à prendre et le monde entier irradié par la splendeur de l'Amour infini ! Les cinq personnages groupés au pied de la Croix, près de Marie empourprée comme une Reine, en sont déjà inondés, y compris le soldat qui d'un geste proclame sa foi : « Vraiment cet homme était Fils de Dieu ! » (Mc 15,39).

Ah ! et j'oubliais : sans doute pour ne pas heurter et montrer surtout la douceur, on a marqué avec insistance les veines du bois. C'est un véritable coup de maître iconographique. En effet, nul doute que ces nombreux sillons dans la chair du bois sont là pour nous faire penser, avec des sentiments inconnus, aux veines à vif et déchirées du Christ en Croix.

†

Les Évangiles racontent le fait historique de la Résurrection du Christ ; l'icône de l'*Anastasis* annonce quant à elle ce que cet évènement sous-entend pour chaque être humain ayant vécu, vivant, ou qui vivra. Elle proclame le salut en le montrant.

Tout enveloppé d'un Feu en or, le Christ rayonne. De l'une de ses mains aux plaies glorieuses, il empoigne vigoureusement l'Homme-Adam et l'arrache au séjour des morts. Dans l'autre main, il tient le Livre en forme de rouleau, comme c'était à l'époque : la Bonne Nouvelle est annoncée aux captifs de la Mort.

Jésus surplombe un abîme, un gouffre noir ouvert comme la gueule d'un monstre édenté ; c'est la Mort qui est là, écrasée sous ses pieds qui portent encore la marque rouge des clous. Les portes des Enfers sont démolies, elles ne se fermeront plus sur nous car le Christ est ressuscité. Il les a fracassées de l'intérieur et il surgit victorieux du sépulcre béant.

L'Apôtre Jean a partagé sa vision de la tombe grande ouverte, avec « le linceul resté là, et le linge qui avait recouvert la tête, non pas posé avec le linceul mais roulé à part à sa place » (Jn 20,6-7). Le tombeau est vide ; il n'y a plus personne à l'intérieur et la puissance de la Mort a elle aussi disparu. Plus de mort nulle part ! Tel est le message de Pâques et l'Évangile absolu : « Le Christ est ressuscité d'entre les morts, pour être parmi les morts le premier ressuscité » (1Co 15,20). L'idée folle que le grand trou noir serait le séjour définitif de nos âmes déchues n'est plus qu'un mensonge. « Non, je ne mourrai pas, je vivrai ! » (Ps 118,17).

Sur l'icône, le Seigneur n'a même pas un regard pour le précipice qu'il domine entièrement. Son pied droit est posé bien à plat sur le rocher où il se tient, parce que le Seigneur est un Roc. Il est celui que la Bible appelle le Rocher, l'Éternel. Il est sûr, il est fort, il est stable et son Amour entièrement fiable. Le Christ ressuscité est notre assurance vie. Il est notre Berger, notre capitaine, il mènera nos âmes-brebis à bon port. Si la Mort était une tempête, JÉSUS marcherait dessus.

Autour de JÉSUS, il y a des personnages bien à l'abri : des prophètes, des rois, des disciples, votre grand-père, votre grand-mère, vous et moi. Savez-vous ce qu'ils font ? Ils bavardent ! On dirait les convives d'une fête. Oh ! certes, leurs poitrines sont orientées vers JÉSUS qui est comme leur propre cœur – la boule de feu qui les éclaire, c'est lui – mais leurs visages sont tournés les uns vers les autres parce qu'ils s'aiment. L'icône de la Résurrection est donc en même temps celle de l'Église, c'est-à-dire de l'universelle et immortelle fraternité.

JÉSUS vivant n'est pas seul, il est vivant avec nous. L'Assemblée des rachetés l'entoure et vit de sa Vie. Par conséquent, notre vie, nos amours, nos relations ici-bas ne sont pas vaines. Jésus rend définitifs les gens qu'on aime, il rend définitif l'amour dont on s'aime. « La charité ne passera jamais » (1Co 13,8), disait saint Paul ; elle continue dans l'Au-delà. « Dieu est Amour » (1Jn 4,16), et sur lui la mort n'a aucun pouvoir. L'amour vit sans pouvoir mourir, car il est la Vie même de Dieu en nous et entre nous. Nous ne souffrirons donc jamais l'absurdité absolue du retour au néant, de nous être aimés, d'avoir été frères et sœurs en humanité pour un temps seulement. Nous pouvons nous aimer sans crainte, nous pouvons rester sereins : il y a un *continuum* de l'amour et de l'amitié par-delà l'espace et le temps. Nos relations survivront.

L'amour fraternel n'est pas seulement définitif, il est décisif : il est l'amorce du Paradis, il est l'aurore de l'Au-delà et triomphe de la Vie sur la Mort.

Jésus est en blanc. C'est à la fois la couleur de l'aube baptismale et celle de l'Hostie. Drapé dans cette tunique immaculée qui vole au grand Vent de l'Esprit, Jésus semble se ruer sur les âmes à sauver. Il saisit par le poignet Adam bondissant du caveau. C'est avec son Corps reçu dans la descendance d'Adam que Jésus s'empare de la chair de celui-ci, qu'il sauve ce premier homme, comme il le fera pour le dernier à être sauvé. Par son Corps livré sur la Croix, avec son Corps ressuscité, Jésus touche notre corps, nous sauve et nous divinise. C'est par la Chair eucharistique du Christ que la Vie immortelle s'empare de nous. Toute grâce en ce monde, toute bénédiction et tout amour digne de ce nom viennent du Sacrement de l'Autel, de ce grand brasier de douceur tout droit tombé du Ciel. Saint Jean-Paul II écrivait :

> « Dans l'Eucharistie en effet, nous recevons également la garantie de la résurrection des corps à la fin des temps [...] du fait que la chair du Fils de l'homme donnée en nourriture est son corps dans son état glorieux de Ressuscité[2]. »

Cette effusion de gloire en nous se fait sans violence, avec une indicible douceur qui n'enlève rien à sa puissance vivifiante. La main qui saisit Adam a le stigmate rouge de la Passion, car c'est avec son Amour fou que Jésus vient toujours à nous. Il est à jamais celui qui a voulu mourir pour moi.

2. Jean-Paul II, *Ecclesia de Eucharistia*, n. 18.

Le flottement de la tunique du Seigneur me parle de la hâte de son Cœur. S'il est vrai que, d'un pied il semble ancré, de l'autre, il semble courir et se précipiter sur nous. C'est bien ce que disait sainte Angèle à propos de l'Eucharistie : « Son amour dépasse les paroles. Ses entrailles criaient vers nous. Il s'est jeté là tout entier, tout entier et jusqu'à la consommation des siècles[3]. » J'aimerais bien être bon prêtre comme lui, parce que ça à l'air bon d'être saisi par cet élan d'Amour. Moi aussi, j'aimerais aller à la rescousse des autres hommes, toujours dans le Vent de l'Esprit avec ma super Bonne Nouvelle.

Adam se laisse emporter ; enfin il se laisse aimer. En même temps, il s'élance librement vers son JÉSUS. Quand on a un sauveur, mieux vaut ne pas hésiter et sauter dans les bras du sapeur qui nous délivre de la maison en feu. Marie est là pour nous rassurer dans le saut de la foi et au moment du grand passage, maintenant et à l'heure de notre mort. Elle a les deux bras tendus vers JÉSUS comme pour inviter à la confiance et montrer la voie. Elle est la seule qui ne parle pas à son voisin, sans doute parce

3. Angèle DE FOLIGNO, *Livre des visions et des instructions*, ch. LXVII.

qu'elle est accaparée par notre rencontre avec Jésus, toute à son amour pour ses enfants et au salut des mourants. Elle parle d'eux à Jésus, elle leur parle de lui : « Par ici, mon enfant, pour le Paradis ! Par ici pour la vie éternelle ! Par ici pour la victoire ! »

> « Éveille-toi, toi qui dors,
> lève-toi d'entre les morts,
> et sur toi luira le Christ. » (Ép 5, 14)

†

Autrefois, les baptisés de Pâques revenaient le dimanche suivant dans leurs langes baptismaux, tout de blanc vêtus. C'était le dimanche *in albis* : dimanche en aube, dimanche en blanc. Nous pourrions en faire autant, car les disciples du Christ ressuscité des morts sont drapés de sa Lumière comme d'un manteau. Pourtant, on continue à voir déambuler en ville la silhouette des prêtres en noir. Aube claire, soutane sombre ; j'avoue que ce jeu de lumière me plaît.

Chaque jour, je porte mon grand habit noir, mais la soutane n'a rien d'un habit d'apparat. Je ne comprendrai jamais ceux qui la portent comme un costard. Elle n'est pas la tenue des grands jours, mais celle des nobles et menues tâches quotidiennes. On la met pour aller au charbon des âmes. Certes, la livrée des domestiques peut être belle, mais ça reste le vêtement des serviteurs. « Restez en tenue de service » (Lc 12,35), dit le Seigneur. Cela suffirait à justifier que le prêtre qui le souhaite porte cet habit qui le distingue et qui signale qu'on est physiquement en présence d'une trouée vers le Mystère, simplement parce qu'il est là. Mais il y a beaucoup plus, en tout cas pour moi, et j'ai tenté d'en écrire quelque chose.

Noir est la couleur de mon amour. Voilà tout. « Je suis noire et pourtant belle » (Ct 1,5) : c'est l'audacieuse déclaration de l'âme blanchie dans le Sang de l'Agneau. Une expression devenue célèbre exalte la beauté d'un pays où le noir est couleur. Eh bien ! la Passion de Jésus est un pays où le noir est couleur. En beaucoup d'endroits, on porte encore un vêtement noir en signe de deuil. Si le prêtre porte un vêtement sombre, c'est que son âme est tout empourprée par la Croix. Toute sa vie tourne autour du Sacrifice unique, et son habit noir cruciforme est porté en signe de reconnaissance émue pour cette mort amoureuse. C'est le vêtement enfilé humblement par des pécheurs dédiés à la mort sublime de leur Sauveur. Au pays de la Passion qui est le nôtre (à nous autres prêtres), sa couleur veut parler d'amour et d'adoration. Là-bas, la douleur et l'amour, l'amour et la mort, sont indissociables. D'après le très doux François de Sales, « ceux qui sont nés de la Croix mettent leur gloire dans ce mystère que le monde ne comprend pas [...] L'amour et la mort sont tellement unis dans la Passion du Sauveur qu'on ne peut avoir l'un sans l'autre[4]. »

Noir est la couleur de mon amour. Je ne sais comment dire autrement et je retrouve un peu tout cela chez saint Paul de la Croix. L'âme sacerdotale n'est ni sinistre ni morose. C'est une âme amoureuse, courageuse. Cette vocation d'amour est pudiquement voilée par notre habit noir au liseré blanc, et à vrai dire, tout en gardant le « secret du roi », j'écris un peu pour faire voir le chatoiement du sacerdoce en plein cœur.

L'Amour mourant d'Amour est éternel, et c'est le quotidien du prêtre. L'Amour du Sacrifié est actuel, car le Christ est ressuscité. Alléluia !

> « Jésus est en cet instant à Gethsémani, dans le prétoire, sur la croix. Et pas seulement dans son

4. François de Sales, *Traité de l'amour de Dieu*, L. 12, ch. XIII.

> corps mystique – en celui qui souffre... – mais, d'une manière que nous ne pouvons pas expliquer, également dans sa personne. Ceci est vrai, non pas en dépit de la résurrection mais précisément à cause de la résurrection qui a rendu le Crucifix vivant pour les siècles[5]. »

Ces paroles du père Raniero Cantalamessa sont celles d'un maître sûr et elles font « Boum ! »

Je suis tout de noir vêtu, mais au-dedans, que de couleurs ! Ce sont celles d'un deuil fleuri en mémoire du Vendredi saint anticipé le Jeudi. Le Pain et le Vin, quelle folie ! Je suis voué à la reconnaissance pour cette vie donnée à Table et sur la Croix, jusqu'à la dernière goutte. Témoin de la Résurrection, je ne puis me départir de l'Amour du Seigneur qui m'enveloppe comme un manteau. Dans ses mains vivantes qu'il me tend et qui tiennent avec moi l'Hostie et la Coupe, je vois la marque rouge des trous parfumés. Chaque jour, il me fait dire avec Lui : « Mon Corps, mon Sang, pour vous. » Et tout à coup, l'Amour sublime est

5. Raniero Cantalamessa, *La vie dans la Seigneurie du Christ*, Cerf, Paris, 2013, p. 63.

là dans sa gloire, silencieux, ruisselant au cœur du Calice où j'ai vue sur la mer de Sang.

†

Il existe donc un Amour qui surplombe tout, une falaise au sommet inaccessible aux assauts des eaux furibondes, tueuses et sombres. Oui, le Calvaire est un triomphe que le Cantique proclame à sa façon : « Les grandes eaux ne peuvent éteindre l'amour, les torrents ne l'emporteront pas » (Ct 8,7). Dans une homélie à ses anciens étudiants, le pape émérite Benoît a dit que « Jésus est plus haut, il est à la hauteur de Dieu parce que la hauteur de la Croix est la hauteur de l'amour de Dieu[6]. » Rien n'est plus haut que le Mystère pascal. Le mal a des limites ; le Bien n'en a aucune. Le mensonge étouffera bientôt plein de rage tandis que la Vérité éclatera.

Les épouvantables ravages causés par le mal ébranlent la foi d'un grand nombre et font souvent le lit d'objections prétendument imparables à l'existence de Dieu. Je connais pourtant une personne que cette misère spectaculaire fortifia indirectement dans sa foi : ma mère. Lorsqu'elle

6. Benoît XVI, Homélie au Ratzinger schülerkreis, 1er septembre 2013.

était jeune, elle aimait écouter les conversations des adultes. À l'époque, tous avaient connu les horreurs des guerres mondiales, aussi chaque réunion de famille avait-elle ses vétérans et ses héroïnes du vaste arrière-front. Un jour qu'elle entendait l'un de ces récits bouleversants, ma mère fut subitement assurée de l'existence du Bon Dieu. À entendre ces effrayants souvenirs, le mal semblait invincible et posséder tout pouvoir. Or, elle voyait qu'il y avait encore du bien sur terre. Il existait donc forcément un Être plus fort et bon qui imposa au mal des limites à ne pas franchir. Autrement, le mal détruirait tout, plus rien de beau ne subsisterait, et l'humanité finirait par n'être plus que féroce. Le Seigneur a dû être grandement consolé lorsque ma mère acquiesça dans son jeune cœur à ce cri ténu du Défenseur.

Dans son dernier livre, saint Jean-Paul II a parlé de cette victoire historique de l'Amour :

> « La limite imposée au mal, dont l'homme est l'auteur et la victime, est en définitive la Divine Miséricorde[7]. »

7. Jean-Paul II, *Mémoire et identité*, Flammarion, Paris, 2005, p. 71.

> « En souffrant pour nous tous, le Christ a conféré un sens nouveau à la souffrance, il l'a introduite dans une nouvelle dimension, dans un nouvel ordre : celui de l'amour [...] C'est la souffrance qui brûle et consume le mal par la flamme de l'amour et qui tire aussi du péché une floraison multiforme de bien[8]. »

Si JÉSUS vit en nous, les forces maléfiques échouent là où nous sommes. Son Amour en nous stoppe Satan, combat le péché et rejette ce qui conduit au mal. C'est d'ailleurs la signification du cierge de baptême allumé au grand cierge pascal : l'invincible Lumière repousse en nous les ténèbres. En nous et par nous. Le Christ nous rend vainqueur du mal par le bien, ce qui est la seule victoire possible. En effet, la haine n'est repoussée que par l'amour, comme un vide n'est rempli que par le plein. Les martyrs, en particulier ceux du nazisme et du communisme qui sont mes héros, en sont les témoins renversants. À l'instar du père Maximilien Kolbe, ils sont agneaux dans l'Agneau et sont à ce titre d'authentiques chevaliers.

8. *Ibid.*, p. 201-202.

Le Tabernacle abrite miraculeusement l'Amour qui remplit tout. Face à lui, nous sommes rendus au sommet de ladite falaise. Je plains de tout mon cœur ceux et celles qui n'ont pas l'Hostie pour Poitrine amie où reposer la tête. Qu'on m'arrache le cœur si l'on veut, mais qu'on ne m'enlève pas le Saint-Sacrement ! C'est sans lui que je meurs.

Moi, berger

Le prophète Baruch parle avec poésie des astres que le Seigneur allume toutes les nuits :

> « Les étoiles brillent à leur poste, joyeuses ; les appelle-t-il, elles répondent : “Nous voici !” Elles brillent avec joie pour leur Créateur. » (Ba 3,34-35)

Les prêtres sont des photophores. Ils sont appelés à rayonner le Sauveur qui flambe au-dedans d'eux. Ils doivent « faire briller la connaissance de la gloire de Dieu, qui est sur la face du Christ » (2Co 4,6). C'est la raison pour laquelle, après la communion, je prie souvent avec ces mots du cardinal Newman que Mère Teresa recommandait à ses sœurs :

« Cher Jésus,
Aide-moi à répandre ton parfum où que j'aille.
Inonde mon âme de ton Esprit et de ta vie.
Pénètre et possède mon être si complètement que ma vie ne soit qu'un rayonnement de la tienne.
Resplendis à travers moi et sois tellement en moi que chaque âme que je rencontre puisse sentir ta présence en mon âme.
Qu'en levant les yeux, ce ne soit plus moi que l'on voie, mais seulement toi, Jésus.
Reste avec moi, et je commencerai à briller comme tu brilles, à briller jusqu'à en être une lumière pour les autres.
La lumière, ô Jésus, sera toute de toi, aucunement de moi ; ce sera toi qui brilleras sur les autres à travers moi.
Que je te loue ainsi de la manière que tu préfères en rayonnant sur ceux qui m'entourent.
Que je te prêche sans paroles, non par des mots mais par l'exemple, par la force d'attraction et la bonne influence de ce que je fais, l'évidente plénitude de l'amour que mon cœur te porte. »

†

« Dans le prêtre, le Christ revit sa Passion, pour les âmes[1] », disait Jean-Paul II en pèlerinage à Ars. Les pages qui précèdent auront peut-être donné le pressentiment de ce partage extraordinaire. Celles qui suivent parlent timidement de ce qu'il y a entre prêtres et fidèles, entre vous et nous, entre vous et moi. J'écris un peu de ce que je suis, qui est pour vous. Plusieurs flèches du saint Curé d'Ars vont dans ce sens :

> « Le prêtre n'est pas pour lui, il est pour vous. »
> « L'Ordre : c'est un sacrement qui ne semble regarder personne parmi vous et c'est un sacrement qui regarde tout le monde. »
> « Le sacerdoce, c'est l'amour du Cœur de Jésus. »

Les temps sont mauvais, comme si Satan régnait et désirait anéantir nos vies ainsi que la terre sur laquelle nous marchons. Le pasteur doit donc serrer de près ses brebis, ses agneaux surtout. Ouvrir son cœur de vive voix ou par écrit est une manière de se rendre proche, de serrer le lien. C'est à la fois une façon de prendre l'autre en soi et de recevoir l'hospitalité au cœur de l'autre, s'il le veut bien.

1. Jean-Paul II, Lettre aux prêtres pour le Jeudi Saint 1986.

C'est une manière de dire qu'on s'aime, qu'on se tient, qu'on est ensemble, une manière de serrer vos âmes-brebis sur mon cœur de prêtre. Et c'est vrai, le ministère pastoral est peut-être essentiellement ce geste d'étreinte de Jésus qui nous sert d'une main trouée sur la pourpre de son Cœur. Ce geste semble être celui d'un autre – en l'occurrence du prêtre – mais en définitive, c'est le sien. Vous voyez ?

Je suis peuplé d'une foule de visages qui défilent sous mes yeux : jeunes et vieux, petits et grands, chrétiens de longue date et nouveaux convertis, disciples aguerris et croyants bien fragiles. Chacun est unique et irremplaçable, et pour chacun j'existe. Ma vie n'est plus que pour s'écouler dans la leur autant qu'ils le veulent. Tout ce qu'il y a de sacerdotal leur appartient. L'esclave est à son maître, et c'est le lavement des pieds qui a donné le *la*. Cela dit, on peut très bien ne pas vouloir d'un bien qui nous revient et en faire autant de cas que d'une chose qu'on jette. C'est ce qu'il advint du Très-beau Messie, le Tout-petit Serviteur et « Grand Prêtre du bonheur qui vient » (He 9,11). Vase d'argile qui renferme un trésor, esclave mystérieux qui a reçu les grands pouvoirs de Dieu, me voici.

Le prêtre a « la très belle et difficile mission d'unir les cœurs qui s'aiment : celui du Seigneur et ceux de son peuple[2]. » Alors paradoxalement, si l'on se tient là devant vous, c'est pour nous effacer, un peu comme saint Jean-Baptiste dont l'exemple est venu jusqu'à nous, et qui clame : « C'est de lui que j'ai dit : "Celui qui vient derrière moi, le voilà passé devant moi, parce qu'avant moi il était" » (Jn 1,15). Ordonné prêtre, si je suis c'est pour ne pas être.

Notre prière vous accompagne, mais ce n'est pas tout. La vérité, c'est que chaque instant où nous respirons est pour vous. Chaque moment est dédié, consacré à la gloire de Dieu et pour vous, votre salut et votre sainteté. Oui, nos vies sont pour vos vies. Même s'il arrive que nous nous côtoyions peu physiquement, nous sommes avec vous puisque nous sommes pour vous. Pas une seconde qui ne se mêle à l'offrande que Jésus fait de lui-même, pour louer Dieu en votre nom et implorer ses grâces et son secours pour chacun d'entre vous. Quoique nous fassions, c'est à votre intention. Cette vocation est un grand don et c'est un mystère, mais c'est ainsi : l'influx sacerdotal est continuel, autant que

2. François, *Evangelii gaudium*, n. 143.

le battement du cœur est permanent. Vos prêtres vous sont attachés comme le cœur à celui qu'il fait vivre. Le sacerdoce bat pour vous ! Comme un cœur, comme une pompe, il répand le Sang et la Vie dans les membres du Corps que nous formons.

Nous sommes un. Nous sommes Corps, donc nous sommes proches. À la Messe, nous communions au même Pain et nos lèvres se teintent du même rouge. En quittant l'église, nous sortons tous du même brasier et la sainte Résurrection coule comme lave dans nos veines. Nous sommes vos frères de chair et de sang. De la Chair et du Sang du Christ.

†

Dans les communautés des Apôtres, on se saluait par le prénom, on s'appelait frères et sœurs, on se touchait d'un saint baiser. C'était une révolution dont le Nouveau Testament porte la marque à tout jamais. Désormais, toute Église s'appelle Philadelphie. De fait, en grec, *philia* désigne l'amour ou l'amitié, et c'est le mot *adelphos* (dérivé de *delphùs* : matrice ou utérus) qui veut dire « frère ». Nous sortons tous des mêmes entrailles divines et l'Église est l'immense cité de l'amour fraternel. Là, on sait qu'être berger n'est pas seulement remplir une fonction, accomplir une tâche. Fonctionner n'est pas être pasteur, un mercenaire en fait autant. « Berger », c'est aimer. Autant que possible, c'est être, berger et brebis, comme le Père et le Fils, ensemble dans un doux et grand Feu.

Le Saint-Père parle souvent de tendresse et d'amour parce qu'il regarde JÉSUS. Ses mots sont forts : « La foi authentique dans le Fils de Dieu fait chair est inséparable du don de soi, de l'appartenance à la communauté, du service, de la réconciliation avec la chair des autres. Dans son incarnation, le Fils de Dieu nous a invités à la révolution de la tendresse[3]. »

Sachez que j'ai rarement fait ceci que j'aurais aimé : vous ouvrir mes bras. La décence froide de la société française impose d'autres manières. Si cette première raison est discutable, la suivante ne l'est pas : un homme doit être chaste avec les femmes et c'est l'une des plus belles règles qui soit. La pureté est une princesse dont le baiser sort du coma. Il y a d'autres explications à cette retenue, mais n'insistons pas.

Vous étiez juste devant moi tandis que je vous donnais l'absolution, le grand Pardon faisait comme

3. *Ibid.*, n. 88.

une gloire sur vous… Bien des fois j'aurais aimé vous accueillir, réconciliés, sur mon cœur. Peut-être aura-t-on pressenti un jour, au détour d'un regard, ces sacerdotaux états d'âme dans mes yeux douceur-d'âne. S'il est arrivé qu'on surprenne à la place un regard qui blesse, j'espère, sans le mériter, qu'on m'aura pris en pitié.

Ils sont nombreux en haut des remparts de l'Église philadelphique à veiller, à chanter d'âge en âge. C'est l'immense garde de la vie consacrée. En bas des murs, derrière l'enceinte de la ville, les familles savent qu'elles sont protégées et seront défendues. Isaïe l'a prophétisé : « Sur tes remparts, Jérusalem, j'ai posté des veilleurs, de jour et de nuit, jamais ils ne se tairont » (Is 62,6).

Le prêtre avec son bréviaire est une sentinelle avec sa torche. On dirait un gardien avec sa lanterne. D'ailleurs, j'aime prier le bréviaire au jardin et il n'est pas rare du tout qu'un insecte curieux se pose sur la tranche du livre ou me barre carrément la lecture d'un stique. *Surtout, cher ami, ne vous gênez pas!* La lumière réfléchie des pages claires doit leur faire l'effet d'une lampe. Exemplaires sont ces petites bêtes sensibles aux lueurs des hymnes, des psaumes et autres textes de l'Écriture. La flamme argentée de ma lanterne les attire.

†

Des prêtres ont lutté, luttent et lutteront pour vous. Ils combattent comme ce cher Épaphras dont il est question dans la lettre aux Colossiens : « Serviteur du Christ Jésus, il ne cesse de combattre pour vous dans ses prières, afin que vous teniez fermes, comme des hommes faits et pleinement accordés à la volonté de Dieu » (Col 4,13). Ces pères sont pareils aux digues où viennent se fracasser les lames, ou comme des phares, grands bergers du littoral qui ont des cœurs de moines.

> Si je devais être changé en monument, je voudrais que ce soit un vieux phare.
> Que serions-nous sans ces hommes bons, forts et sages ?
> Torse tourné vers l'océan et robuste encore,
> Je ferais mes grands signes à tous les gens du large.
> Dissipant d'un doigt de feu les terreurs,
> Droit sur les brisants,
> Je donnerais tant qu'il faut des coups de pied à l'orage.
> Des vents de tous les diables sur moi hurleraient leur rage,

> Mais sur fond de ciel clair, je serais beau comme enfant un jour de mariage.
> Heureux, les saints moines ont des cœurs d'enfants dans les yeux,
> Et le sourire des petits dont les pleurs ont été recueillis.
> « Garde le visage heureusement apaisé, dit l'un d'eux,
> Rayonnant de larmes[4]. »
> Leurs paroles rares concentrent en rayons d'or toute la sagesse des âges,
> Ils ont derrière eux des siècles de tempêtes, des lustres de ciel bleu ;
> Éclaireurs formidables, pâtres chevronnés, trempés par le temps.

L'Écriture exalte « l'endurance et la constance des saints » (Ap 13,10). La sagesse tombe avec le crachin. L'esprit gît sous les trombes drues de l'épreuve et la lame immobile s'aiguise sous la meule. C'est seulement au sortir d'une tempête que l'on sait qui l'on est. Puisque l'homme naît dans les douleurs d'un enfantement qui dure encore, qui ne peut pas souffrir ne peut même pas être, mais la joie d'un homme fait vaut bien cette peine qui, certes, prend son temps.

4. Saint Théodore Studite.

Être curé est une tâche difficile. C'est avoir charge d'âmes ; en latin *cura animarum*. Nous avons cure de vos âmes. Nous avons cure de votre salut. Nous *voulons* que chacun d'entre vous parvienne sain(t) et sauf aux havres blonds, aux pâturages bleus de l'éternité. Tout bien pesé, c'est la seule chose qui compte, non ? S'il y a des prêtres sur la terre, c'est surtout pour après, pour l'Au-delà qui fait déjà irruption grâce aux sept sacrements. Nous sommes des passeurs. C'est l'une des raisons pour lesquelles j'aime bien me rendre au cimetière ; les stèles et les croix tendues flèchent la direction.

Le cimetière est une terre chrétienne où retentit sans bruit l'auguste vérité. Cette terre sacrée des morts lève les yeux vers l'autre rive et la Vie qui vient. C'est le dernier portail qui ouvre sur les prairies. Nous devons retrouver les yeux neufs que le Nouveau Testament pose sur toute chose, surtout sur la mort et l'immortalité, autrement nous ne pourrons pas tenir. « Si vous ne croyez pas, proclame Isaïe, vous ne vous maintiendrez pas » (Is 7,9).

Que cela se sache ou que le monde l'ignore, que vous le vouliez ou non, tantôt on vous porte, tantôt on marche à vos côtés. Nous sommes vôtres à jamais.

†

Tout contre la Poitrine du Saint-Sacrement, le prêtre s'enflamme et s'étonne : « Pourquoi moi ? », se demande-t-il. Question sans réponse, puisque comme l'expliquait simplement Benoît XVI, « l'amour n'a pas de pourquoi ; il est don gratuit, auquel on répond par le don de soi[5] ». Le prêtre catholique ne trouve sa justification que dans « l'amour du Christ qui surpasse toute connaissance » (Ép 2,19). Archi-pauvre, il n'est qu'un réceptacle béant des miséricordes divines.

JÉSUS a toujours fait en sorte que ma vocation soit éprouvée comme Amour de prédilection, expérience d'élection, révélation stupéfiante : j'ai été choisi. Choisi et donc aimé. Le fait qu'il m'ait voulu – pour être avec lui et m'associer à son ministère de Feu – m'est toujours apparu comme la marque d'un Amour incompréhensible et j'y ai toujours pressenti son désir d'une amitié sans nom. J'avais 17 ans lorsque son Amour éleva ainsi la voix pour la première fois. En vérité, l'appel s'adressa à quelqu'un de beaucoup plus jeune et me fit découvrir l'enfant que je suis pour toujours.

5. BENOÎT XVI, Rencontre avec les séminaristes, Cologne, 19 août 2005.

Être prêtre n'est pas un job. L'Ordination sacerdotale crée un mystère, un être dont Jésus se sert, auquel il se mêle, pour faire ses entrées et manifestations dans le cœur et la vie des gens. L'Ordination est une sorte de démultiplication du Sacré-Cœur ; Jésus multiplie son Cœur en multipliant les prêtres. De cette façon, les bienfaits innombrables de son Amour divin continuent à être enveloppés d'humanité, un visage familier se tourne vers nous et une main amie nous porte partout le don de Dieu, en son Nom.

Dire cela n'élève pas les prêtres sur des piédestaux, au contraire. Le sacerdoce est un office d'amour, celui de Jésus qui lave et sauve les âmes à genoux. Le lavement des pieds magistral annonçait le bain de Sang de la Croix autant que l'avènement des prêtres à genoux, et la mort de Jésus fut celle d'un esclave menotté par les clous. Il s'agit donc de descendre, descendre, descendre encore. Les prêtres sont « eunuques à cause du Royaume des Cieux » (cf. Mt 19,12). Dans les palais, les eunuques étaient au service de la reine et c'est en la servant qu'ils étaient au service du roi. Constamment près d'elle, ils prenaient grand soin de cette femme et le roi n'avait rien à craindre : ils étaient bien incapables de jouir d'elle, jamais ils ne pourraient la dominer.

Le presbytérat est le service des eunuques qui lavent les pieds de la Reine, sachant bien au fond d'eux qu'ils ne sont pas dignes d'approcher la Bien-Aimée. Ainsi, le ministère sacerdotal que certains hommes reçoivent du Christ ne saurait tourner en domination, machiste ou autre, exercée sur autrui. Il s'agit de servir l'Église-Épouse, et d'ailleurs, Jésus n'a pas voulu que les femmes, dont l'être féminin coïncide avec le Mystère de l'Église, puissent être mises au rang des serviteurs. Le ministre est un serviteur à genoux ou en croix. C'est pourquoi l'orgueil ecclésiastique n'est pas seulement mauvais, il est ridicule. C'est un manque d'intelligence phénoménal. La seule grandeur est celle de l'enfance sans laquelle il n'y a de Royaume pour personne ; c'est le Fils le Seigneur.

La voix du Bien-Aimé continue sans aucun doute à frapper à la porte des cœurs choisis. Pourquoi donc si peu de prêtres par chez nous ? Même si toutes sont incomplètes, chacun peut s'essayer à une réponse. À mon sens, la crise des vocations s'explique en grande partie par une confusion théologique des plus dommageables. Le coup a été violent, la blessure est profonde. En gros, le relativisme ambiant fait penser que Jésus ou rien c'est pareil, que Jésus ou un autre c'est la même chose, et que de toute manière, le salut est assuré à tout le monde puisque l'Amour de Dieu est infini. Par le passé, des missionnaires par milliers sont partis annoncer l'Évangile à travers le monde en sachant qu'ils ne reviendraient pas. Ils ont traversé les océans, vécu en pleine jungle, séjourné chez les cannibales, enduré tous les climats et toutes les maladies, ils ont donné leur vie dans la fleur de l'âge, prêts à recommencer mille fois s'il le fallait, pour le salut des âmes. On rêvait d'être prêtre au service de cette cause qui les dépasse toutes, et l'on croyait avec l'Apôtre que « Dieu est unique, unique aussi le médiateur entre Dieu et les hommes, le Christ Jésus, homme lui-même, qui s'est livré en rançon pour tous » (1Tm 2,5). Autrefois, les prêtres abondaient parce que le peuple savait que Jésus est vital, qu'annoncer le Sauveur est crucial, et qu'il est possible de refuser lucidement, dès cette vie et pour toujours, l'Amour passionné qui veut nous sauver. L'Église, pleine de Feu, était sel de la terre. De nos jours, on se dit que l'affaire est dans le sac, il n'y a pour ainsi dire plus d'enjeu, et l'on s'étonne que les prêtres manquent. Mais qui donc voudra donner sa vie pour une cause gagnée d'avance !? À quoi bon devenir prêtre si, au final, l'être ou ne pas l'être ne fait de différence pour personne !?

La vérité, c'est qu'il n'existe pas de salut éternel qui soit indépendant du sacerdoce de JÉSUS. De quelque manière que ce soit, le salut découle de son sublime Sacrifice offert sur la Croix et sur tous les Autels du monde. Sans la Passion, sans la Messe, l'humanité serait perdue. Complètement et définitivement perdue. Comme des sauveteurs, les prêtres sont envoyés aimer et offrir les remèdes au milieu du désastre.

†

Cela étant, il faut parler d'une horreur : la dépravation sexuelle de certains prêtres. Le sacerdoce travesti. Il ne fait aucun doute que ces répugnants forfaits des prêtres sont ceux qui ont le plus terrifié JÉSUS au jardin de l'Agonie. Ils lui ont broyé le Cœur. Regardez-le : « Entré en agonie, il priait de façon plus instante, et sa sœur devint comme de grosses gouttes de sang qui tombait à terre » (Lc 22,44).

Nous ne devons pas juger et nous ne le faisons pas. En même temps, vous vous sentez peut-être souillés, trahis ou humiliés à cause de ces fautes abjectes. Alors je veux vous dire : JÉSUS a tout vu, il a tout bu. Comme dit l'Écriture, « il s'est chargé du péché des multitudes et il intercédait pour les pécheurs » (Is 53,12). Jésus a été couvert d'opprobre avant nous, la honte qui est sur l'Église a été sur lui. Il a été vêtu du manteau rouge, couronné d'un diadème blessant. On l'a bourré de coups, les crachats des Romains se sont collés sur son Visage. On s'est moqué de lui, on a parodié sa royauté, on a ricané en parlant dédaigneusement de lui comme d'un sauveur incapable. Et ce n'est pas tout. Toujours avec sa façon bien à lui de s'approcher de tout homme, de rejoindre même la plus sordide des destinées, il est descendu plus encore dans cette basse-fosse de la violence et de l'impureté. On l'a dévêtu, toute une cohorte de soldats ameutée sur lui. On l'a flagellé et sa Chair immaculée s'est ouverte violemment, et il se taisait. Agneau au milieu des loups : mon héros. Notre héros. Puis on l'a étendu à terre, nu. Nu, on l'a pris et cloué sur une croix, et on l'a dressé comme ça devant tout le monde. Il a aimé sans mesure. Il s'est approprié la souffrance et le péché. De cette manière, il a étreint les malheureux et adjuré les coupables – par sa nudité, par son supplice.

Nous verrons encore se lever du sein de notre peuple de magnifiques figures sacerdotales. Peut-être les plus belles de toute l'Histoire si l'on en croit les prophéties d'un saint Louis-Marie Grignion de Montfort. De très saints prêtres, de grands évêques, sont encore à venir. En eux, le monde redécouvrira la beauté du sacerdoce et l'Amour du Cœur de JÉSUS qui sont une seule et même chose. Dans un monde effondré, en dépit des contrefaçons et trahisons cléricales, le sacerdoce brillera de tous ses feux. Ce sera comme l'éclatement du Cœur sous la pression de la lance : c'est ce qu'on a vu de plus beau, alors que tout semblait fini.

Le sacerdoce est en fleurs.

Laudato si'

La Petite Thérèse de Lisieux s'est émue de l'Amour de Dieu écrivant son nom dans la constellation d'Orion :

> « Je regardais les étoiles qui scintillaient doucement et cette vue me ravissait... Il y avait surtout un groupe de perles d'or que je remarquais avec joie trouvant qu'il avait la forme d'un T, je le faisais voir à Papa en lui disant que mon nom était écrit dans le Ciel[1]. »

De l'infiniment grand à l'infiniment petit, tout est cadeau dans l'Univers. Toute la Création sort des mains de maître du Père chérissant ses enfants. Depuis l'aube des temps, Dieu parle le langage polyphonique des créatures. Il nous dit qu'il est là

1. Thérèse DE LISIEUX, *Histoire d'une âme*, Manuscrit A, f° 18.

et bien sûr, qu'il nous aime. J'ai lu et relu plusieurs fois la missive *Laudato si'*, j'ai entendu « ce que l'Esprit dit aux Églises » (Ap 2,7).

Les coups de foudre furent nombreux et il y eut notamment celui-ci : « Tout l'univers matériel est un langage de l'amour de Dieu, de sa tendresse démesurée envers nous[2]. » Les éclairs, on sait bien ce que c'est, mais ça fait toujours son effet…

Le Seigneur veut manifester son Amour à l'humanité entière, le répandre dans le cœur de chacun et nous combler tous de bonheur. Toutes les créatures participent, chacune à son rang et selon sa mesure, à cet immense témoignage d'Amour. Mais il en est quelques-unes qui furent choisies pour l'ostentation suprême, et c'est émouvant de penser à la part infime de la Création qui dut participer malgré elle à cette apothéose que fut la Passion du Sauveur.

Ainsi, les animaux furent consternés d'apprendre qu'on allait décoller le cuir de l'un d'entre eux pour la confection des fouets qui allaient presque tuer leur meilleur Ami.

L'arbre destiné à fournir les poutres pour la Croix refusait de grandir depuis l'enfance. C'est

2. François, *Laudato si'*, n. 84.

le baiser de JÉSUS, à la deuxième station de la *Via dolorosa*, qui l'aida à embrasser sa terrible vocation : devenir l'Arbre de Vie serrant dans ses branches le Christ ruisselant.

Il avait beau n'y être pour rien, le pauvre épineux requis pour la cruelle couronne trembla d'horreur lorsqu'il comprit ce qui allait advenir. La cognée mise à ses racines, ou bien même le feu, lui aurait fait moins de mal.

Le jeune roseau dans la main droite était triste à mourir. Il baissait la tête et aurait voulu disparaître, ce qui arriva : on le jeta par terre dans un coin du Prétoire où il finit de sécher dans la poussière.

Le fer pour les clous devint rouge de pleurs tandis qu'il sonnait comme un glas sous les coups du forgeron. Le vieux métal se rendait compte qu'il lui faudrait traverser Dieu, et il aurait préféré mourir avec lui plutôt que de survivre à son supplice. Même chose pour le fer de lance choisi entre mille pour aller se planter dans le Cœur du Fils.

Le chagrin des eaux vives à l'entour fut immense lorsqu'elles entendirent le gémissement du Christ-Asphyxié : « J'ai soif » (Jn 19, 28). Aucune aide n'était possible : les soldats montaient la garde, et pas une goutte d'eau limpide et claire ne put s'approcher.

« Or, Jésus, jetant un grand cri, expira » (Mc 15,37). Toute l'atmosphère frémit sous le coup de cette détonation. Je l'entends encore en arrière-fond de mes prédications ; le Souffle qui me porte est celui de cette explosion.

Avant même que leur Maître ne s'endorme, c'est toutes les créatures qui d'un même cœur prirent le deuil quand le Soleil, se cachant pour pleurer, plongea le monde entier dans le noir.

Évidemment que les rochers des environs se fendirent ! puisque leurs cœurs étaient brisés. C'est cette roche immémoriale qui ouvrit son sein au charpentier de l'Univers dans son linceul. La lourde pierre, roulée dans un sens puis dans l'autre à l'entrée de la tombe, a eu l'honneur d'être le signe et le point final : Christ est ressuscité, nous sommes libres !

Ainsi, « selon le dessein bien arrêté et la prescience de Dieu » (Ac 2,23), la nature a participé à l'exaltation du Christ en Croix. Et c'est ainsi que de manière inouïe, le ciel et la terre ont proclamé la gloire de Dieu (cf. Ps 18,2).

†

Ô Tendresse infinie qui enveloppe toute chose et que toute chose désigne ! Rien n'existe hors de ce regard qui jamais ne nous perd. Hélas! nous sommes abrutis par notre abrutissante vie et nous ne nous rendons plus compte de l'Amour dont le Seigneur enveloppe calmement toute chose. C'est pourquoi le Patriarche Athénagoras a voulu nous rouvrir les yeux :

> « La nature est une consolation que Dieu nous donne, comme un souvenir du Paradis. Sa paix, sa force, la sagesse qui la régit réconfortent l'âme dans les incertitudes du destin, en particulier durant les périodes troubles et tragiques de l'histoire. L'humanité alors devient fiévreuse et folle, mais la nature nous enseigne la fidélité de Dieu, les lois de la véritable fécondité, qui sont la patience, la lenteur, le silence[3]. »

Pendant le premier confinement, le monde est redevenu silencieux comme un dimanche. Nos machines se sont tues, nos brassages d'air ont cessé, nos paroles se sont faites plus rares enfin. Ambiance paisible, non pas mortelle, puisque dimanche n'est justement pas le jour des morts, mais celui des vivants. Nous avons retrouvé le silence, vital comme l'oxygène, qui remplit tout. En effet, la

3. Olivier CLÉMENT, *op. cit.*, p. 186.

terre est silencieuse comme la caresse qu'elle reçoit. Dieu est là qui dépose en silence un baiser sur le front du monde qu'il a fait. Le silence, c'est comme le bruissement subtil des vêtements de ce Père tout près. C'est aussi son sourire qui ne fait aucun bruit. Mais qui sait parler du sourire de Dieu ?

Nous n'avons pas été créés autrefois ; c'est maintenant que nous faisons irruption dans l'être. Du côté de Dieu, il n'y a ni passé ni futur, mais seulement l'éternel présent. L'acte d'Amour créateur a bien lieu maintenant, maintenant, maintenant... Sans un bruit, comme un souffle. Dieu souffle dans ses deux paumes grandes ouvertes et fait s'envoler l'Univers comme un papillon. Je ne connais rien de tel qu'un bon bain dans la conscience d'être créature pour faire sourdre en nous le ruisseau allègre de l'enfance. La joie sacrée d'être créé est sereine et un peu folle quand même : c'est l'incomparable joie d'un cœur reconnaissant. Tout vrai MERCI contient de l'émerveillement et de la joie, et dans la reconnaissance il y a de l'enfance.

Autant je vois cette joie chez les amis de Dieu, autant je ne l'ai pas encore surprise chez les philosophes athées d'hier comme d'aujourd'hui. Ils sont trop sérieux. Toujours tendus et comme grincheux, ils n'ont jamais l'air contents. M'est avis que quelqu'un de grincheux est quelqu'un sur le front duquel est inscrit : « Mon enfance est morte pour toujours », ou quelque chose dans le genre, ce qui n'est pas gai du tout. Rien n'est perdu pour autant : on peut toujours ressusciter. Christ en nous, c'est le Fils vivant, donc on ressuscite toujours cœur-d'enfant.

L'autre jour, j'allais dans les collines. Ah ! chère nature qui toujours met du baume au cœur ! On aurait dit le Soleil content. Il sifflotait. J'entendais les sous-bois pouffer de rire au loin, comme font les enfants qui explosent d'insouciance. Le chant des oiseaux dégoulinait des hautes branches, comme une eau de source dévalant la roche. Imperturbable, tel le chant des moines. Par endroits, la senteur envoûtante des aromatiques sauvages me rendait nostalgique des vacances de ma jeunesse. Et la mer au loin.

†

Freeride. « Avis de grand frais à coups de vent. » C'est mon bulletin météo préféré. Quand le vent souffle fort, je pense à la plage de l'Almanarre. Si c'est jour de repos, je peux charger mon matériel dans la voiture et filer dans ce vestige du monde sauvage. Cette ruine de l'Éden qui m'en jette plein la vue n'est qu'à une vingtaine de minutes du presbytère.

Le *windsurf* est ma plus vieille passion. Cette camaraderie date d'avant les livres. Être prêtre au pays du mistral n'est certes pas donné à tout le monde. Naviguer à toute blinde (peut-être de « blindé » : ivre) dans la fluorescence des couleurs varoises est un cadeau inestimable. De même que planer sous des cieux sombres inondant le littoral de teintes larmoyantes, quand à basse altitude se bousculent des nuages aux gueules de pirates.

Dompter la mer, attraper le vent, sentir la force plein son corps et la joie plein la tête, ivre d'embruns et de rafales : quand le Père céleste vous offre le manège, il ne fait pas semblant. Merci mon Dieu pour mon sang chargé d'adrénaline, et pour l'impression grisante que chaque goutte d'eau salée est saturée d'éclairs ! Après une session d'où je sors lessivé, je sais le Père souriant ; on a bien joué et je devine qu'il s'est senti une fois de plus obligé de retenir sa puissance. Heureusement.

J'espère que l'Esprit souffle dans mon cœur comme le vent dans mes voiles. J'ai souvent vu le vent se lever le 15 août sur le golfe du Valinco, et plisser le lourd manteau outremer tacheté d'hermine. Sans doute était-ce en l'honneur de Marie, et pour la folle joie de quelques-uns de ces chers fils impatients… De fait, l'Esprit ne souffle nulle part plus fort que dans son Cœur et les voiles de la Vierge sont de loin les plus beaux. Marie s'en est carrément allée par Assomption, emportée par le Souffle en personne.

La place qu'occupent les récits de navigation et les détails concernant l'accastillage dans les Actes des Apôtres est étonnante. À croire que saint Luc n'était pas médecin mais marin. De cette manière, nous devinons ô combien l'Église se doit à l'Esprit, et combien la mission est dépendance et docilité à ses ordres et à son toucher. En temps de paix comme au milieu des forces hostiles. Effectivement, on peut bien dire et faire tout ce qu'on veut, c'est le Vent qui commande. Le meilleur *windsurfer* du monde ne peut rien faire sans air ; il lui faut ce chahut de la mer et du vent.

Prendre le vent fort et prendre la mer, ça bouscule et ça s'apprend :

« L'Esprit souffle où il veut et tu entends sa voix, mais tu ne sais ni d'où il vient ni où il va. Ainsi en est-il de quiconque est né de l'Esprit. » (Jn 3,8)

Les gréements sont des étendards de la liberté. Toute voile nous appelle : « Sortez ! Voguez hors des sentiers connus ! Allez sans crainte où le Ciel, en soufflant, vous pousse et vous déroute ! » N'oublions pas ce proverbe de lumière autant que de nuit : « C'est le Seigneur qui conduit les pas de l'homme ; comment l'homme connaîtrait-il son chemin ? » (Pr 20,24).

Les fils du Vent lui ressemblent. Ils parlent haut et clair, ou se taisent longuement. Ce sont les amis du silence. Ils deviennent libres comme leur Père plein de surprises et sont par conséquent originaux. À vrai dire, ils sont les seuls à l'être vraiment. Aucune étiquette ne tient, aucun schéma ne les emprisonne. On voudrait qu'ils s'assoient là gentiment, dans la cage, mais on ne retient pas ce qui a l'air d'un magnifique coup de vent derrière l'idiotie des barreaux. Non, on ne saurait mettre le mistral sous cloche. Par contre, chacun peut lui fermer ses fenêtres et sa porte.

Chère Pentecôte, de toute mon âme je t'espère. Je sais qu'à celui ou celle qui se donne à lui en bloc, Dieu se livre à l'état sauvage.

†

J'aimerais être rempli et témoin d'un « amour qui surmonte les barrières de la géographie et de l'espace », comme saint François, « qui se sentait frère du soleil, de la mer et du vent, se savait encore davantage uni à ceux qui étaient de sa propre chair[4] ». Je voudrais un « cœur sans limites[5] ».

Original en tout, voici à présent John Bradburne brûlé d'amour. Il s'en est allé l'année de ma naissance mais c'est certainement l'une des plus belles rencontres que j'ai faites. Cet anglais fol-en-Christ pulvérise à lui tout seul toutes les cases dans lesquelles imperceptiblement on confine la sainteté. Pèlerin, musicien, poète prolifique, serviteur des lépreux en Afrique jusqu'à son assassinat, sa vie toute tissée d'aventures n'est qu'une quête du Bien-Aimé. Le procès de béatification de ce baroudeur hors pair est ouvert.

4. FRANÇOIS, *Fratelli tutti*, n. 1-2.
5. *Ibid.*, n. 3.

Il eut deux aigles adoptifs et des ruches installées à l'intérieur (oui, au-dedans!) de son ermitage bringuebalant. Il s'asseyait dessus pour écrire ses poèmes, et elles allaient et venaient pendant que leur hôte extravagant et fraternel composait ses milliers de vers. Dieu que la sainteté est belle! Le Seigneur déborde d'imagination, lui qui fait la nature fabuleuse et revêt les saints d'une grâce propre à chacun.

Je n'ai pas encore de ruches et pour l'heure le miel que je récolte est celui qui coule des pages-rayons de ma Bible. Le doux Cœur de JÉSUS s'y épanche et cette nourriture de lumière est vraiment délicieuse. Laissez-moi tout de même vous parler des abeilles, innombrables au-dessus du jardin du presbytère quand flottent les nuages roses, mais qui se meurent aux quatre coins du monde…

Je n'ai jamais commandé aux abeilles de respecter le repos dominical. J'aurais peur qu'elles m'obéissent et que cela renforce la crainte que, peut-être déjà, je leur inspire. Du reste, dans les branches-confiseries des arbres-à-bonbons de Judée, on dirait plutôt une méga-fête qu'un véritable travail. Oui, je sais qu'elles se donnent de la peine, cependant j'ai bien l'impression que dans cette orgie de fleurs tout n'est que danse et gourmandise. Camaraderie aussi. Alors laissons-les. Le vrombissement de ces fées lumineuses en robe sombre me réjouira toujours. Leur innocente frénésie participe à la gaieté de nos jours de labeur ici-bas. Qui plus est, ces petites sœurs sauvages font du miel ; bénissons-les.

Encore un mot à propos des saints. Les plus grands d'entre eux voient jusqu'à la flamme qui danse en chaque créature. C'est ce qu'ils disent, et je les crois, car leurs yeux-puits-de-Lumière et leurs visages ruisselant de la Sainte Face ne peuvent ni mentir ni errer. L'amour à l'état brut est tout ce qu'il y a de plus crédible, un homme devenu bloc de paix est un roc entièrement sûr. Ces êtres qui consolent esquissent un sourire tendre. Ils sont pleins d'un silence grave et rieur. En se faufilant sur le sentier qui bannit tout vacarme, ils remarquent les flammèches que le Créateur, en façonnant ciel et terre de ses mains de feu, laisse absolument partout. Au passage, rappelez-vous : c'est en ce moment que ses doigts de feu vous touchent. Espérons être un jour jugés dignes de voir le grand bal des étincelles, et contempler notre monde en cristal, plein de soleil…

✝

Je constate qu'il existe des artistes dont la vocation est de révéler un monde tamisé, exempt enfin de violence et comme cicatrisé : le mal est parti pour toujours, les larmes sont toutes essuyées. Ces artistes-là ne rêvassent pas ; ils prophétisent en plein drame, peut-être à leur insu. Mais leurs créations annoncent ce qui adviendra : le cosmos transfiguré, l'humanité ressuscitée. C'est le cas de feu mon père, qui était magistrat. Aussi loin que je puisse remonter dans mes souvenirs, il peint. L'un de mes premiers souvenirs : lui, peignant un cerisier en fleurs, près de Vétheuil où j'avais été baptisé bébé. C'était en 1982, nécessairement au printemps ; je n'avais pas 3 ans. Il a surtout peint des paysages, d'une douceur envoûtante, une caresse pour les yeux. Ses ciels sont magnifiques, une lueur apaisante est là, la terre est consolée. Sa *Présentation de la Beauce à Notre Dame de Chartres* n'a pas à rougir d'avoir emprunté ce titre au chef-d'œuvre de Péguy.

Dans un deuxième temps, mon père a peint très minutieusement des tableaux abstraits. Je comprends sans doute moins. Cependant, les couleurs y sont d'une merveilleuse intensité, comme une assemblée de femmes rayonnantes dans un chaste apparat. Certaines toiles explosent de vie, comme la vie elle-même. On se prend à aimer chaque parcelle d'un coloris éclatant sans être vulgaire, bien au contraire. C'est l'harmonie. Le noir est là comme un chef d'orchestre, les blancs se posent et s'envolent comme des silences. L'existence saute aux yeux sans être criarde. Les peintures abstraites de mon père racontent la splendeur universelle de l'être. Elles éveillent le regard au resplendissement de la grande famille des êtres dont les nuances sont innombrables. Bien qu'elles n'en représentent aucun, elles exaltent l'unicité de chacun. Et très souvent, encore, cette douceur. Mon père a rassemblé sur ces toiles tout ce que sa vie contenait de fête et d'insouciance. Il a peint des nuages de douceur arrosant de paix notre terre et des ciels de l'âme après la pluie. Comme au travers de nappes d'eau claire et colorée, on voit l'esprit des hommes souhaitant être délivré, l'espérance du cœur profond. Il ne faut pas seulement sauvegarder la Maison commune ; il nous faudra préserver aussi ce que l'on a appris à faire de vraiment beau, car l'art est une clef qui ouvre la porte du réel.

Tracée au feutre Velleda sur le tableau que lui avaient passé les infirmières de l'hôpital pour l'aider à « parler » aussi loin que possible, sa dernière œuvre fut une simple Croix : le Beau dans son plus simple appareil.

Lorsqu'il avait mon âge, papa avait un tee-shirt sur lequel était écrit : *Only lawyers and painters can turn white into black and black into white* (Seuls les hommes de loi et les peintres peuvent changer le blanc en noir et le noir en blanc). Et les prêtres alors ? Certes, ils n'ont que la seconde partie de ce pouvoir, mais ils l'ont reçu sans commune mesure. En effet, les prêtres aussi peuvent changer le noir en blanc : laissez couler le Précieux liquide rouge, alors les noirceurs disparaissent et vous obtenez une âme immaculée. C'est bien indiqué dans le Livre, l'absolution est le plus puissant dissolvant qui soit : « Il nous aime et nous a lavés de nos péchés par son sang » (Ap 1,5).

Une année, en me rendant selon la coutume aux vœux que le clergé présentait à l'évêque, les soutanes et clergymen sur la prairie de La Castille me firent signe soudain : *C'est fou,* me dis-je, *tout ce noir chargé de rendre aux âmes leurs couleurs et au monde son éclat !*

†

Puisqu'il nous faut « cueillir dans les multiples manifestations de la beauté un rayon de la beauté suprême[6] », je raconterai ici ce qui arriva un matin tandis que je descendais du presbytère pour ouvrir l'église. (Tout de même, ça n'est pas rien d'ouvrir ainsi les Portes du Ciel ! Ciel plein de la douceur du Saint-Sacrement-notre-Amour, église imprégnée de la prière des générations encore là comme un baume pour âme endolorie.) C'était pendant le Triduum pascal.

Il y avait de l'agitation dans l'air avenue de la République, un je-ne-sais-quoi d'inhabituel à peine perceptible et néanmoins très familier, comme une voix amie qui vous dit : « Hé ho ! On est là ! » Ça venait plein d'entrain de la lisière des toits. Subitement, je comprends : mes amies sont revenues, les hirondelles sont là. Quelle excitation près des tuiles ! C'était comme la liesse prenant des deux côtés d'une rue un jour de parade, comme le chahut des enfants se jetant sur les matelas en retrouvant, dans le triomphe de l'insouciance et des jeux, la chambre des maisons de vacances. J'en voyais se jeter dans le vide, redresser à hauteur d'homme, puis s'engouffrer dans les ruelles adjacentes. Ces petits escadrons de gaîté, libres dans la cité des hommes, inauguraient leur festival.

---

6. JEAN-PAUL II, Discours aux participants au Jubilé des artistes, Rome, 18 février 2000.

Fra Angelico a eu l'idée géniale de poser une hirondelle sous le plafond de la chambre de la Vierge le jour de l'Annonciation. Comme la venue de cet oiseau annonce le printemps, sa présence sur la fresque évoque l'avènement de la Nouvelle Alliance. Voilà comment l'humble saint franciscain a vu dans l'hirondelle l'abrégé de toutes les prophéties.

Chez nous aussi, l'arrivée des hirondelles à la fin du Triduum clame la Bonne Nouvelle. Partout elles rient et volent, dansent et lancent leur cri : *Resurexit sicut dixit!*

> « Le Seigneur prononce un oracle, une armée de messagères le répand : Rois en déroute, armées en déroutes ! » (Ps 67,12)

Jamais je ne lis ce psaume sans penser aux bataillons des hirondelles volant comme des chasseurs et criant l'Évangile : « Les Principautés des ténèbres sont vaincues, la Mort a perdu ! Christ est ressuscité ! »

Ce peuple en liesse d'oiseaux migrateurs me fait aussi penser aux myriades d'anges en fête et en mission sur terre. Les anges – nos anges – ces créatures célestes se mêlent le plus naturellement du monde à la vie quotidienne des hommes, allant dans les rues, dans les maisons… partout. Cité céleste et cité terrestre se mêlent et fraternisent sans frontières.

À la belle saison, quand vient le soir et que je célèbre les Vêpres au jardin, j'ai au-dessus de moi le ballet de ces anges minuscules, ponctué du kérygme de ces êtres libres. L'aérodynamisme de leur corps fragile fait planer sur la terre en fleurs, des lieues à la ronde, le « V » de la Victoire. L'Évangile est invincible, ses messagers sont immortels.

> « Ô Dieu, Un et Trine,
> communauté sublime d'amour infini,
> apprends-nous à te contempler
> dans la beauté de l'univers
> où tout nous parle de toi[7]. »

7. FRANÇOIS, *Laudato si'*, « Prière chrétienne avec la Création ».

Épilogue

À pleins poumons l'espérance

Dans une sentence pour le moins excessive, Baudelaire a encadré trois types d'hommes :

le prêtre,

le guerrier,

le poète.

Sans doute sommes-nous tous et toutes, au moins un peu et tour à tour, l'un ou l'autre de ceux-là. Flambeau dans la main de l'Espérance, repoussant les Principautés de la Nuit.

†

Comment parler des Mystères autrement qu'à grand renfort de formes, de sons, et de couleurs ? Comment parler du Seigneur sans puiser dans l'immense palette des beautés que ses mains ont créées ? Parmi les innombrables lignes tracées avec la foudre des mots, il y a ces vers d'une poétesse contemporaine qui me font penser à lui :

> « Le chagrin me disait des choses merveilleuses,
> les roses me parlaient tendrement de la mort,
> l'amour aidait les roses à mourir doucement,
> ces roses qui mouraient à force de beauté[1]. »
> « Ton cœur est le plus beau que mon cœur ait pu voir :
> la nuit m'envahissait de son terrible espoir
> quand ton cœur m'a montré sa pourpre inégalable.
> [...]
> La beauté maintenant ne me quitte jamais
> et la nuit vers mon cœur marche inutilement :
> ton amour a changé le nombre des étoiles[2]. »

Au bout d'une Passion terriblement lumineuse, le Christ est mort du plus fol Amour qui soit. C'est ainsi qu'il nous délivre d'un désespoir total. En effet, il n'y aurait de Paradis pour personne sans cet invraisemblable Vendredi. Sa mort est la plus belle des morts ; elle est « fleurie de sang[3] », comme

---

1. Lydie DATTAS, « Mieux vêtus que des rois », in *Le livre des anges.*
2. *Ibid.*, « Terrible espoir ».
3. Charles PÉGUY, « Paris vaisseau de guerre », in *La tapisserie de Notre Dame.*

le disait Péguy. Roses rouges et roses, parfaites et envoûtantes, roses veloutées de sa chair nue. Quand l'Heure fut venue pour lui d'être glorifié, nos mains ont arraché ses pétales un à un. On l'a flagellé et sa Chair s'est envolée. On l'a crucifié et ses pétales sanglants dispersés aux quatre vents ont embaumé le monde. Avec ce parfum fort et suave, l'espérance chrétienne est née.

Nous savons désormais qu'il n'est rien qui puisse nous vaincre et, comme une silhouette bien connue et rassurante, la Croix se dresse et proclame partout : « N'ayez pas peur » (Jn 6,20). Quand bien même la terre serait violemment ébranlée – et nous savons tous qu'elle s'apprête à l'être –, « mon amour ne s'écartera pas de toi, mon alliance de paix ne chancellera pas, dit le Seigneur qui te console » (Is 54,10). Au temps des crises qu'on n'évitera pas, au milieu des décombres à venir, on verra encore des prêtres aux entrailles divines, on entendra leur verbe flambant neuf, étincelant comme un glaive au soleil. Et l'on verra des frères et soeurs qui s'aiment faire tout le bien possible, on côtoiera des saints. À la tombée de la nuit s'allumeront les étoiles.

Bien des paroles de l'Écriture pourraient claquer au-dessus de nos têtes comme des oriflammes. Par exemple, celle-ci :

> « Que notre Seigneur Jésus Christ lui-même, ainsi que Dieu notre Père, qui nous a aimés et nous a donné, par sa grâce, consolation éternelle et heureuse espérance, consolent vos cœurs et les affermissent en tout ce que vous pouvez faire et dire de bien. » (2Th 2,16-17)

Cette consolation et cette force, c'est à la Croix que nous les devons. Cette Croix à laquelle on revient toujours, cette Croix dont on n'a jamais fini de faire le tour, tout simplement parce qu'on ne fait pas le tour de l'Infini. « La Croix demeure tandis que le monde tourne », dit-on chez les moines Chartreux. « La Passion de JÉSUS, c'est son Amour », m'a appris mon père spirituel ; pas de différence entre les deux. C'est donc là, près de cette Croix où souffle l'espérance, que nous jetons « l'ancre de notre âme, sûre autant que solide » (He 6,19).

Avant et après Pâques, Jean l'Apôtre devait sûrement regarder JÉSUS avec des yeux que, dans le Cantique des cantiques, on dit être des colombes (cf. Ct 1,15 ; 4,1). L'Esprit Saint était là lorsqu'il le contemplait et l'écoutait, lorsqu'il pensait à lui, lorsqu'il se rappelait et qu'il nous écrivait ses textes incomparables. L'Esprit Saint lui a fait voir la

Semaine sainte avec sa propre clairvoyance et avec son Cœur. Alors, saint Jean a vu la gloire de JÉSUS. Il a reconnu la splendeur de son Amour infini dans cette marche à la mort, dans cette charpie de chair, de muscles et de peau à quoi l'avait réduit cet immense bourreau qu'est le péché du monde. Immense et cependant moins fort que l'Agneau souverain. Vienne donc sur nous le même « Esprit de sagesse et de révélation » (Ép 1,17), car nous aussi nous voulons voir, nous aimerions comprendre et rendre témoignage.

La flamboyante Croix est vivifiante. Si je suis né un 14 septembre, fête de la Croix Glorieuse, et si l'appel de Dieu a retenti pour moi dans la basilique du Saint-Sépulcre à Jérusalem, c'est pour la proclamer, la célébrer, y prendre part.

Pour elle, chantons « un chant nouveau » (Ps 95,1). Avec toute créature et par toute notre vie, entonnons notre hymne à l'Amour. *O Crux ave, spes unica.*

Spes unica.

TABLE

IMPRIM'VERT®

Achevé d'imprimer par CPI,
en mars 2021,
N° d'impression : 163101

Dépôt légal : avril 2021

Imprimé en France